Lieselotte Bestmann

MICHELANGELO
Der überhörte Weckruf

novum ⬦ pro

Dieses Buch ist auch als
e-book
erhältlich.

www.novumverlag.com

© 2021 novum Verlag

ISBN 978-3-99107-396-3
Lektorat: Leon Haußmann
Umschlagabbildung:
Ausschnitt aus: Urheber:
Michelangelo – Web Gallery of Art,
Wikimedia Commons,
gemeinfreie Lizenz ®
Michelangelo, Die Erschaffung Adams,
Detail, Sixtinische Kapelle, Rom
Bilderrahmen:
Somesun | Dreamstime.com

Umschlaggestaltung, Layout & Satz:
novum Verlag
Innenabbildungen:
siehe Bildquellennachweis S. 177

Die von der Autorin zur Verfügung
gestellten Abbildungen wurden in der
bestmöglichen Qualität gedruckt.

www.novumverlag.com

Bibliografische Information
der Deutschen Nationalbibliothek:

Die Deutsche Nationalbibliothek
verzeichnet diese Publikation in
der Deutschen Nationalbibliografie.
Detaillierte bibliografische Daten
sind im Internet über
http://www.d-nb.de abrufbar.

Inhaltsverzeichnis

Einleitung

Michelangelo – wer denkt dabei nicht sofort an die über-
wältigende Bilderfülle in der Sixtinischen Kapelle in Rom,
die den unvorbereiteten Besucher vor Ort fast erschlägt und
ihn voll Erstaunen und Bewunderung vor der gewaltigen
Leistung eines einzelnen Menschen, wenn auch eines so
begabten und begnadeten Künstlers wie Michelangelo, zurück lässt. Diese Bilderwelt **(Abb.1)** verschließt sich jeglicher schnellen Interpretation – zumindest für die heutigen
Menschen. Zu wenig Zeit verbleibt uns vor Ort, um sich
der Sprache dieser Bilder zu öffnen. Und doch spürt der
sensible Betrachter, dass diese Bilder nicht nur erzählende
Wand- und Deckendekoration bedeuten, sondern dass in
sie eine besondere Aussage vom Künstler hineingelegt wurde – eine Botschaft, die ihn zu dieser gewaltigen Kraftanstrengung bewegte, und die auch uns in unserer heutigen
Lebenssituation angeht.

Das Werk Michelangelos umfasst jedoch nicht nur die
Fresken in der Sixtinischen Kapelle, sondern es spannt sich –
abgesehen von einigen Frühwerken – von der *Pietà* in Sankt
Peter zu Rom, die seinen Ruhm begründete, bis hin zur nahezu unbekannten *Pietà Rondanini* in der Städtischen Kunst-
sammlung im Castello Sforzesco in Mailand, an der er bis
kurz vor seinem Tod arbeitete. Dazwischen liegt ein langes
Leben und eine großartige Schaffensperiode – ein Leben, in
dem er nicht immer seinem Wunsche, ausschließlich Bildhauer zu sein, nachgehen konnte, sondern sich dem Willen
der Päpste unterwerfen musste und es – wenn auch man-
ches Mal nach anfänglich langem und intensiven Widerstand – letztlich auch tat. Diesem unnachgiebigen Willen
der Päpste verdankt die Nachwelt nicht nur die Fresken in
der Sixtinischen Kapelle – zunächst die *Deckenfresken* und

dann, fast ein Vierteljahrhundert später, das *Jüngste Gericht* –, sondern auch die Vollendung des Neubaus von Sankt Peter in Rom, die er zwar nicht mehr erleben durfte, für dessen Kuppel er jedoch, als sich durch immer wieder eintretende Verzögerungen diese Entwicklung abzeichnete, in hohem Alter durch bindende Vorgaben und die Anfertigung eines Modells Vorsorge getroffen hatte.

Aber Michelangelo war nicht nur ein begnadeter Bildhauer, Maler und Architekt – er war auch ein genialer Dichter. An seinen Versen arbeitete Michelangelo wie am Marmor, dem er durch Wegschlagen und Wegnehmen die angestrebte Form gab. Es sind über dreihundert Gedichte, von denen einige an enge Freunde gerichtet waren und in seinem Freundeskreis hoch geschätzt wurden. Die überwiegende Mehrzahl seiner Gedichte diente jedoch der Aufnahme und Verarbeitung seiner Gedanken. Sie waren ursprünglich auch nicht zur Veröffentlichung bestimmt. Die Rauheit seiner Verse entsprach keineswegs dem damaligen Zeitgeist und doch hat der bedeutende zeitgenössische Dichter Francesco Berni bereits damals gesagt: „Ihr sagt nur Worte – er jedoch sagt Dinge." Heute helfen seine Gedichte, uns dem Verstehen seiner Werke und der darin enthaltenen Botschaft anzunähern.

Am Ende seines Lebensweges steht die *Pietà Rondanini*, zwar unvollendet, jedoch von erschütternder Aussagekraft und mit einer deutlichen Botschaft, die heute so aktuell ist wie kaum je zuvor.

Zur Familiengeschichte

Michelangelo wurde am 6. März 1475 in Caprese, einem kleinen Ort in der Nähe von Arezzo, geboren. Sein Vater Ludovico Buonarroti Simoni war zu diesem Zeitpunkt dort Podestà, eine Art von Bürgermeister und Richter. Seine Amtszeit endete bereits am 1. April 1475 und die Eltern kehrten mit dem älteren Sohn nach Florenz zurück. Der kleine Michelangelo wurde einer Amme, der Frau eines Steinmetzen in Settignano, übergeben. Die Familie Buonarroti besaß dort ein kleines Landgut, das ihnen jedoch nur geringen Ertrag einbrachte. Dieser Ort, in dem zahlreiche Steinmetze lebten und arbeiteten, hat Michelangelo das ganze Leben hindurch magisch angezogen. Er fühlte sich den Menschen innig verbunden und hat später seinen Biographen gegenüber geäußert, dass er die Liebe zu Hammer und Meißel wahrscheinlich bereits mit der Ammenmilch eingesogen habe. 1481 verstarb seine leibliche Mutter nachdem noch drei weitere Söhne das Licht der Welt erblickt hatten. Michelangelo war damals gerade sechs Jahre alt. Die Haushaltsführung wurde von Familienangehörigen übernommen. Der Vater heiratete später noch einmal. Die Familie Buonarroti Simoni gehörte zwar dem niederen Adel an, verfügte jedoch zu dem Zeitpunkt kaum über Einnahmequellen. Der Vater verdiente den Unterhalt für seine Familie durch wechselnde, ihm standesgemäß erscheinende Verwaltungstätigkeiten, immer in dem Bemühen, das Ansehen der Familie hoch zu halten und wieder einigen Wohlstand zu erwerben.

Der Vater erkannte früh die außerordentlich gute Auffassungsgabe Michelangelos und schickte ihn daher auf eine Grammatik-Schule in der Absicht, ihn die juristische Laufbahn einschlagen zu lassen. Doch diese Hoffnung wurde bitter enttäuscht. Michelangelo machte zwar einige Fortschritte, verbrachte jedoch den größten Teil der Unterrichtsstunden mit der Anfertigung von Zeichnungen.

Eine wichtige Rolle spielte in dieser Zeit seine Freundschaft mit dem einige Jahre älteren Francesco Granacci, der sich bereits in einem Ausbildungsverhältnis in der Werkstatt von Domenico Ghirlandaio befand, des damals berühmtesten Malers von Florenz. Granacci versorgte seinen Freund heimlich sowohl mit Zeichenpapier als auch mit Vorlagen zum Kopieren und ermutigte ihn offensichtlich immer wieder, seiner Begabung und seinen Neigungen nachzugehen. Heftigste Auseinandersetzungen mit dem Vater konnten nicht ausbleiben. Für Ludovico Buonarroti waren nach dem damaligen Zeitverständnis sowohl Bildhauer als auch Maler Handwerker, ein Berufsstand, der für ein Mitglied der Familie Buonarroti Simoni weder standesgemäß noch akzeptabel war. Und doch gelang es, dass der damals dreizehnjährige Michelangelo am 1. April 1488[1] offiziell und mit Vertrag als Lehrling in die Werkstatt Domenico Ghirlandaios aufgenommen wurde.

---

1 Vasari (V1.2.949), zit. nach Murray, Michelangelo, S. 13.

Am Hofe der Medici

Eine entscheidende Wende im Leben des damals 14jährigen Michelangelo trat 1489 ein. Noch während seiner Lehrzeit bei Ghirlandaio wurde er in den Garten der Medici aufgenommen. In diesem Garten in der Nähe von S. Marco in Florenz versammelte Lorenzo de' Medici, genannt „Il Magnifico, der Prächtige", junge, begabte Talente, die unter Anleitung erfahrener Lehrer sich entwickeln konnten. Und hier erfüllte sich erstmals Michelangelos sehnlichster Wunsch, sich mit der Arbeit am Marmor auseinanderzusetzen. Unter der Anleitung des hochbetagten Bildhauers Bertoldo, eines Schülers Donatellos, des berühmtesten Bildhauers der Renaissance, gab es die Möglichkeit, die dort vorhandene Antikensammlung zu studieren und die eigenen Fähigkeiten auszuprobieren.

Darüber hinaus wohnte Michelangelo im Palast der Medici, gehörte nicht nur zur Tischgesellschaft, sondern nahm auch an den im Palast stattfindenden Diskussionsrunden teil. Cosimo de' Medici, genannt „Il Vecchio, der Alte", hatte 1459 am Hofe der Medici die Platonische Akademie gegründet. 1453 war Konstantinopel in die Hände der Türken – und damit des Islam – gefallen. Viele bedeutende Gelehrte flüchteten und versammelten sich damals in Florenz. Zum Leiter dieser Akademie war der humanistische Philosoph Marsilio Ficino berufen worden, für dessen Philosophie der Satz kennzeichnend ist: „Wahre Philosophie ist Religion. Wahre Religion ist Philosophie" (Epist. I). Als weitere führende Denker gehörten zu diesem Kreis dessen Schüler und Freund Pico della Mirandola, der Dante-Forscher Cristofero Landino und der Humanist und Dichter Angelo Poliziano.

Eingebunden in diesen Kreis erschloss sich für den jungen Michelangelo eine völlig neue Gedankenwelt. Hier wurde nicht nur nach alten griechischen Überlieferungen geforscht und deren Bedeutung für die Gegenwart diskutiert, sondern auch die Werke der Neuzeit, vor allem Dante und damit seine *Göttliche Komödie*. Condivi berichtet, dass Michelangelo sich eifrigst den Studien widmete, keinerlei Ansporns bedurfte und „sein überlegener Geist" von den Gelehrten erkannt und er von ihnen geliebt und gefördert wurde (AC.X).

In diese Zeit fiel ein für die Folgezeit außerordentlich wichtiges Ereignis: Das Auftreten des Dominikanermönches Savonarola, der 1491 als Prior des Klosters San Marco nach Florenz berufen worden war. Dieser asketische Mönch trat als Bußprediger auf, forderte eine grundlegende Reform der Kirche und rückte die Verworfenheit des damaligen Papsttums ins Licht der Öffentlichkeit. Er prophezeite das bald bevorstehende Strafgericht Gottes und rief jedermann zur Buße auf. Michelangelo war von diesen Predigten tief beeindruckt.

Doch diese wichtige Zeit endete für Michelangelo schlagartig: 1492 starb Cosimo de' Medici plötzlich im Alter von nur 44 Jahren und Michelangelo kehrte in die Enge seines Vaterhauses zurück. Es wird vermutet, dass Michelangelo den Garten der Medici, für den er einen eigenen Schlüssel besessen haben soll, weiterhin aufsuchte. Auf Einladung Piero de' Medicis zog er 1494 noch einmal kurzfristig in den Palast, verließ aber wenige Monate später fluchtartig mit einigen Begleitern Florenz wegen der dort ausbrechenden Unruhen in Richtung Bologna.

Erste bildhauerische Werke

Die Jahre am Hofe der Medici hatten jedoch nicht nur den geistigen Horizont des jungen Michelangelo beträchtlich erweitert, es entstanden in dieser Zeit auch seine ersten bildhauerischen Werke. Ein nach antikem Vorbild gestalteter Faunskopf legte Zeugnis ab von der außergewöhnlichen Begabung Michelangelos und fand die uneingeschränkte Zustimmung Lorenzo de' Medicis. Es folgten das Relief *Die Madonna an der Treppe*, das Hochrelief *Die Kentaurenschlacht* und – wahrscheinlich noch im Auftrag Lorenzo de' Medicis – ein überlebensgroßer *Herkules*, die erste freistehende Skulptur Michelangelos. Sie soll sich nach Quellenangaben 1495 noch im Besitz des Künstlers befunden haben, wurde dann von der Familie Strozzi erworben, ging 1529 als ein Geschenk an den französischen König Franz I. und wurde in den königlichen Gärten von Fontainebleau aufgestellt.[2] Seit 1725 ist sie verschollen. Herkules galt in Mittelalter und Renaissance als Präfiguration Christi und es ist mit an Sicherheit grenzender Wahrscheinlichkeit anzunehmen, dass Michelangelo diese Gedankenverbindung bekannt war.

In dieser Zwischenzeit entstand außerdem ein hölzerner, etwas unter lebensgroßer Chruzifixus, der nach Quellenangaben als Geschenk an den Prior des Klosters Santo Spirito ging und laut Vasari über dem Hauptaltar angebracht wurde.[3] Der Prior dieses Augustinerklosters hatte es Michelangelo auf dessen inständiges Bitten hin ermöglicht, für ihn

---

2 Christina Acidini Luchinat, Michelangelo, Der Bildhauer, S. 28.
3 Ebda., Abbildung S. 29.

unbedingt erforderlich erscheinende anatomische Studien
an Verstorbenen vorzunehmen und ihm hierfür sogar ge-
eignete Räumlichkeiten zur Verfügung gestellt.

Flucht nach Bologna

Über seine Ankunft in Bologna findet sich bei Condivi ein Bericht, der einen wichtigen Einblick in die Persönlichkeit des jungen Michelangelo gewährt: „Aber nach wenigen Tagen musste er aus Geldmangel (denn er hielt die Begleiter frei) an die Rückkehr nach Florenz denken; und als er nach Bologna kam, stieß ihm folgendes zu. Es gab in jenem Gebiet zur Zeit des Giovanni Bentivoglio ein Gesetz, wonach jeder Fremde, der nach Bologna kam, ein Siegel aus rotem Wachs auf den Daumennagel erhalten sollte. Da nun Michelangelo unbedachterweise ohne das Siegel hereingekommen war, wurde er mitsamt den Begleitern auf das Zollamt geführt und zu fünfzig Bologneser Lire verurteilt. Wie er nun ohne Mittel, diese zu bezahlen, in der Amtsstube stand, bemerkte ihn ein Herr Gianfrancesco Aldovrandi, ein Bologneser Edelmann, der damals einer der Sechzehn war, und als er den Fall gehört hatte, sorgte er für seine Freilassung, hauptsächlich weil er erfahren hatte, dass er ein Bildhauer sei. Und als er ihn in sein Haus einlud, dankte ihm Michelangelo, entschuldigte sich aber, da er zwei Begleiter habe; diese wolle er weder verlassen noch ihm mit ihrer Gesellschaft beschwerlich fallen. Darauf der Edelmann: „Auch ich möchte mit dir durch die Welt spazieren, wenn du mich freihalten wolltest." Durch diese und andere Worte ließ sich Michelangelo überreden, entschuldigte sich bei seinen Begleitern, entließ sie, indem er ihnen das wenige Geld gab, das sich vorfand, und nahm bei dem Edelmann Wohnung.[4]

---

4 Condivi, XV., S. 25f.

Sein Gönner Giovan Francesco Aldovrandi ließ sich abends, wie die Chronisten berichten, von Michelangelo aus Dante, Boccacco und Petrarca vorlesen. Vermutlich durch seine Vermittlung erhielt Michelangelo den Auftrag, in der Kirche San Domenico die am Grabmal des Heiligen Domenico noch fehlenden Statuen des Heiligen Petronius sowie des Heiligen Prokulus und einen noch fehlenden Leuchterengel anzufertigen.

Auf dem Weg zum Ruhm –
Michelangelos Pietà

In Florenz beruhigte sich die politische Lage und Michelangelo kehrte 1495 in seine Heimatstadt zurück. Ebenfalls zurück kehrten Lorenzo und Giovanni di Pierfrancesco, die einer Seitenlinie der Medici entstammten und von Piero de' Medici verbannt worden waren. Für Lorenzo fertigte Michelangelo einen *Johannesknaben* an, der wahrscheinlich bereits vor Michelangelos Flucht begonnen wurde und heute als verschollen gilt. In dieser Zeit entstand auch ein heute ebenfalls verschollener *Schlafender Cupido*, der laut Condivi Lorenzo di Pierfrancesco so begeisterte, dass er vorschlug, ihn auf antik zu trimmen, um auf dem Antikenmarkt in Rom einen besseren Preis zu erzielen. Anfang 1496 wurde dieser Cupido für dreißig Dukaten nach Rom verkauft und für zweihundert Dukaten an Raffaele Riario, Kardinal von San Giorgio, weiter verkauft. Die Fälschung wurde kurz darauf erkannt und bereitete Michelangelo viel Verdruss. Kardinal Riario erhielt zwar anstandslos sein Geld zurück, war jedoch von dieser Bildhauerarbeit so begeistert, dass er Jacopo Galli bat, nach Florenz zu reisen und mit Michelangelo Kontakt aufzunehmen, um sich zu vergewissern, dass dieser Cupido tatsächlich das Werk eines so jungen Künstlers war.[5]

In dieser leidigen Geldangelegenheit und mit einem Empfehlungsschreiben von Lorenzo de' Medici reiste Michelangelo Mitte 1496 nach Rom, wurde bei den Florentiner Bankiers und bei Kardinal Riario vorstellig und fand Un-

---

5 Condivi, XVIII., S. 27.

terkunft im Hause von Jacopo Galli.[6] Hier entstand Michelangelos *Bacchus,* der nachweislich 1497 von Kardinal Riario bezahlt, von ihm jedoch nie abgeholt, sondern im Garten der Familie Galli aufgestellt wurde.[7]

Noch im gleichen Jahr begab sich Michelangelo – ausgerüstet mit wichtigen Empfehlungsschreiben – nach Carrara und erwarb einen großen Block aus bestem weißen, feinkörnigen Marmor, bestimmt für ein Auftragswerk des französischen Kardinals Jean de Bilhères-Lagraulas (Abt von Saint-Denis und Botschafter am Hof von Papst Alexander VI. Borgia). Im Jahre 1500 war es vollendet, dieses unumstrittene Meisterwerk Michelangelos: *Die Pietà* von St. Peter.[8]

Condivi berichtet hierzu: „Wenig später bildete er auf Verlangen des Kardinals von San Dionigi (…) aus einem Stück Marmor jene wunderbare Statue Unserer Lieben Frau (…) mit dem toten Sohn auf dem Schoße, von so großer und seltener Schönheit, dass niemand sie sieht, ohne sich im Innersten von Mitleid bewegt zu fühlen. Ein Bild, wahrhaft würdig jenes Menschentums, welches sich für den Sohn Gottes und für eine solche Mutter ziemt, wenn es auch einige gibt, die an dieser Mutter tadeln, dass sie zu jung sei im Vergleich zum Sohne. Als ich darüber eines Tages mit Michelangelo sprach, antwortete er mir: „Weißt du nicht, dass die keuschen Frauen sich viel frischer erhalten als die unkeuschen? Um wieviel mehr eine Jungfrau, der niemals die kleinste lüsterne Begierde beigekommen ist, die den Körper entstellen könnte? Ja ich will dir sogar sagen, dass eine solche Frische und Jungendblüte, außer dass sie sich auf natürlichem Wege in ihr erhalten hat, auch dadurch glaub-

6 Condivi XVIII., S. 28.
7 Christina Acidini Luchinat, Michelangelo, S. 50.
8 Herbert Alexander Stützer, Die Italienische Renaissance, Abb. 139, S. 204.

18

lich wird, dass so, durch göttliche Wirkung und Hilfe, der Welt die Jungfräulichkeit und ewige Reinheit der Mutter bezeugt werden soll. Das war bei dem Sohn nicht notwendig, sondern vielmehr das Gegenteil, da ja gezeigt werden sollte, dass der Sohn Gottes in Wahrheit den Leib des Menschen, wie er es getan hat, annehmen und allem unterworfen sein musste, dem ein gewöhnlicher Mensch unterliegt, ausgenommen die Sünde; das Menschliche brauchte nicht durch das Göttliche verdeckt, es brauchte nur in seinem Gang und Gesetz gelassen zu werden, so dass es jenes Alter zeigte, das es gerade hatte. Daher hast du dich nicht zu verwundern, wenn ich aus dieser Rücksicht die Allerheiligste Jungfrau, die Muttergottes, im Vergleich zum Sohn viel jünger gemacht habe, als es jenes Alter gewöhnlich verlangt, dem Sohn aber sein Alter ließ." Und Condivi fügte diesen Worten Michelangelos wichtige eigene Worte hinzu: „Eine Betrachtung, jedes Theologen würdig und an anderen vielleicht erstaunlich, nicht aber an ihm, den Gott und die Natur gebildet haben, nicht nur, um mit der Hand Einzigartiges zu schaffen, sondern der auch jedes göttlichen Gedankens fähig ist, wie es sowohl aus dem Gesagten wie auch aus so vielen seiner Bemerkungen und Aufzeichnungen sich erkennen lässt. Michelangelo mochte, als er dieses Werk schuf, 24 oder 25 Jahre alt sein. Er erwarb sich durch diese Arbeit einen großen Ruf und Namen, so sehr, dass es bereits die Meinung der Welt war, dass er nicht nur jeden anderen seiner Zeit und der vor ihm weit überflügelte, sondern sogar mit den Alten wetteifere.[9]"

---

9 Ascanio Condivi, Das Leben des Michelangelo Buonarroti, XX., dt. Übersetzung R.Diehl, Insel-Verlag, o.J. S. 30.

Rückkehr nach Florenz –
Michelangelos David

Die *Pietà* begründete zwar den Ruhm Michelangelos, doch er blieb nicht in Rom, sondern folgte dem Ruf von Freunden nach Florenz. Dort lag seit langem ein als „verhauen" geltender großer Marmorblock im Hof der Dombauhütte, der vergeben werden sollte. Michelangelo überzeugte mit seiner Zusage, aus diesem eine Statue aus einem Stück zu fertigen und erhielt den Block. Als Werkstatt und zugleich Schlafplatz diente ihm ein abgetrennter Raum in der Dombauhütte. Er schuf aus diesem „verhauenen Block" seinen *David*.[10] Sowohl Donatello[11] als auch Verrocchio[12] hatten ihren Bronze-David dargestellt als zartgliedrigen Jüngling, nach vollbrachter Tat, das Schwert in der Hand und das abgeschlagene Haupt des Riesen zu Füßen. Michelangelos *David* dagegen ähnelt mit seinen breiten Schultern und der athletischen Figur eher einem Herkules und dargestellt ist der Moment vor der Tat. Die Schleuder bereit zum Einsatz blickt er mit in Falten gezogener Stirn konzentriert und furchtlos auf den sich nahenden Gegner.

Im Winter 1503/1504 war sein *David* vollendet und wurde durch Beschluss einer aus den vornehmsten Künstlern von Florenz bestehenden Kommission nicht in der Nähe des Doms, sondern vor dem Palazzo della Signoria (heute Palazzo Vecchio) aufgestellt. Dieser Standortwechsel beinhaltet sowohl einen Bedeutungswechsel der Statue von der biblischen hin zur politischen Inanspruchnahme als auch der

---

10 Herbert Alexander Stützer, Die Italienische Renaissance, Abb. S. 207.
11 Herbert Alexander Stützer, Die Italienische Renaissance, Abb. S. 79.
12 Herbert Alexander Stützer, Die Italienische Renaissance, Abb. S. 93.

Demonstration von ständiger Bereitschaft und unter göttlichem Schutz stehender Kraft.

Nach Vollendung seines *David* folgte auf Bitten seines Freundes Soderini ein heute verlorener Bronze-David, der dem David Donatellos nachempfunden sein sollte, und als Geschenk nach Frankreich ging. Im gleichen Zeitraum entstand im Auftrag der flandrischen Kaufmannsfamilie Moscheroni der Bronzeguss einer Madonna mit Kind, der nach Fertigstellung nach Flandern geschickt wurde, sowie im Auftrag von Angelo Doni, eines angesehenen florentiner Bürgers, das sogenannte Doni-Tondo, das Michelangelo malte, um – wie Condivi erwähnt – die Malerei nicht ganz aufzugeben.[13]

Nach Condivi folgte dann eine Zeit, in der Michelangelo „fast nichts in seiner Kunst hervorbrachte, in der er sich damit beschäftigte, die heimatlichen Dichter und Redner zu lesen und Sonette zu seinem Vergnügen zu machen, …"[14]

Vor dem Hintergrund der weiteren Entwicklung Michelangelos gewinnt diese Bemerkung Condivis besondere Bedeutung, lässt sie doch erkennen, dass Michelangelo bereits zu diesem frühen Zeitpunkt sich intensiv und aus eigenem Antrieb mit dem Verfassen von Gedichten beschäftigte. Michelangelo schuf in seinem langen Leben eine Vielzahl von Gedichten, in die seine Gedanken einflossen und die uns heute behilflich sein können, uns dem Verständnis seiner Bildwerke zu nähern. Zu Lebzeiten Michelangelos und auch in den folgenden Jahrhunderten fanden seine Verse nur wenig Anklang. Sie entsprachen nicht dem Zeitgeschmack. Und doch hatte – wie bereits eingangs erwähnt – schon der bedeutende zeitgenössische Dichter Francesco Berni von

---

13 Ascanio Condivi XXII., Dt. Übersetzung R.Diehl, S. 32.
14 Ebda., S. 33.

Michelangelos Dichtungen gesagt: „Ihr sagt nur Worte, aber er sagt Dinge."[15]

Michelangelo fühlte sich seit seiner frühesten Jugendzeit magisch angezogen von den in Florenz so reichlich anzutreffenden Bildwerken seiner Vorgänger. Er kannte sie alle, liebte vor allem die östliche Bronzetür des Baptisteriums, heute allgemein als „Paradiestür" bezeichnet, weil Michelangelo nach Überlieferung Vasaris gesagt haben soll, sie sei so schön, dass sie an den Pforten des Paradieses stehen könnte.[16] Er kannte seit seinem Aufenthalt in Bologna die Reliefs des Eingangsportals von San Petronio und vor allem – er kannte seine Bibel – sie war für ihn das Buch der Bücher, die Grundlage aller ihn so begeisternden Bildwerke der Vergangenheit und fast aller der von ihm selbst während seines langen Lebens geschaffenen Werke.

15 Zitiert nach Michael Engelhard, Michelangelo, Gedichte, Insel Verlag, Ausg. 1999, S. 376.
16 Stützer, Die Italienische Renaissance, S. 72.

Unter dem Pontifikat von Papst Julius II.

1503 starb der seit 1492 amtierende Borgia-Papst Alexander VI., der wegen seiner Lebensführung, die er auch nach seiner Wahl zum Papst beibehalten hatte, zu den unwürdigsten Gestalten der Papstgeschichte zählt.[17] In sein Pontifikat fiel das Auftreten Savonarolas, der eine durchgreifende Reform der Kurie und der Kirche gefordert hatte. Ihm folgte Pius III., der bereits nach einer Amtszeit von nur 26 Tagen verstarb.

Als sein Nachfolger wurde am 1. November 1503 Kardinal Giuliano della Rovere, ein Neffe des 1484 verstorbenen Papstes Sixtus IV., gewählt und nahm den Namen Julius II. an. Bereits sein Onkel, Papst Sixtus IV., hatte dem Ansehen des Papsttums und der Kirche durch seine Amtsführung, die von Simonie und Verschwendung beherrscht war, schwer geschadet. Unter ihm ging die Verweltlichung der Kirche weiter, für die er die Hauptverantwortung trägt.[18]

Papst Sixtus IV. ging es jedoch nicht nur um seinen persönlichen verschwenderischen Lebensstil und die Versorgung seiner Familienangehörigen mit Ämtern und Gütern, sondern auch darum, Rom, das kulturell und künstlerisch zu dieser Zeit keinem Vergleich mit Florenz standhalten konnte, wieder zu Glanz und Ansehen zu verhelfen. In seinem Auftrag wurde die nach ihm benannte Sixtinische Kapelle erbaut. Und er berief die seinerzeit berühmtesten Maler nach Rom, um diese Kapelle künstlerisch auszugestalten.

---

17 Fischer-Wolpert, Geschichte der Päpste, S. 107.
18 Fischer-Wolpert, S. 107.

An dieses Bestreben Sixtus IV., Rom durch den Einsatz der besten Künstler an Anziehungskraft gewinnen zu lassen, schloss sich sein Neffe Giuliano della Rovere nach seiner Wahl zum Papst Julius II. unmittelbar an. Er rief kurz nach seiner Wahl Michelangelo, der trotz seiner jungen Jahre zwischenzeitlich zum berühmtesten Bildhauer der damaligen Zeit geworden war, von Florenz nach Rom. Und Michelangelo folgte dieser Aufforderung.

Condivi berichtet, dass Michelangelo in Florenz hundert Dukaten Reisegeld erhielt[19]. Offen bleibt, wer dieses Geld zur Verfügung stellte. Aus den Briefen Michelangelos wissen wir, dass er selbst Zeit seines Lebens in äußerst kargen, anspruchslosen äußeren Verhältnissen lebte, da er mit allen von ihm verdienten Mitteln auf Drängen seines Vaters die Familie in Florenz unterstützte.[20]

---

19 Condivi XXIII., S. 33.
20 Zu den Briefen Michelangelos s. Linda Murray, Michelangelo.

Erster Plan für das Julius-Grabmal

Nach seiner Ankunft in Rom vergingen jedoch viele Monate bis es Julius II. einfiel, wie er Michelangelo zum Einsatz bringen könnte. Er entschloss sich schließlich, Michelangelo um Entwürfe für sein Grabmal zu bitten.[21] Die von Michelangelo vorgelegten Pläne begeisterten den Papst sofort. Vorgesehen war ein freistehendes Mausoleum, im Untergeschoss ringsum mit Nischen für Figurenpaare, von denen jeweils die eine als Darstellung des positiven Prinzips das negative überwand,[22] dazwischen Hermen und die Darstellung der freien Künste als gefesselte Gefangene und weitere, zum Teil überlebensgroße Statuen auf einer darüber liegenden Plattform. Weiter aufsteigend auf einer oberen Ebene dann zwei Engel, die sich auf einen Sarg stützten. Im Inneren des Grabmals sollte dann in einer Art kleinen Tempels in einem großen Marmorsarkophag der Leichnam des Papstes beigesetzt werden. Über vierzig Statuen wies der Plan aus, außerdem waren geschichtliche Darstellungen in Bronze und Halbrelief vorgesehen.[23]

Die Pläne und Entwürfe begeisterten den Papst so, dass er Michelangelo mit der Ausführung und der sofortigen Beschaffung des dafür erforderlichen Marmors beauftragte. Michelangelo erhielt von Julius II. 1000 Dukaten und begab sich nach Carrara, um das Brechen des Marmors, die Auswahl der Blöcke und den Transport zu überwachen. Condivi schreibt dazu: „Sobald der Marmor in genügen-

---

21 Condivi XXIV., S. 33.
22 Acidini Luchinat, S. 108.
23 Acidini Luchinat, S. 108.

der Menge gebrochen und ausgewählt war, schaffte er ihn zur Küste, ließ einen seiner Leute dabei, der ihn verladen lassen sollte, und ging selbst nach Rom. Und weil er sich einige Tage in Florenz aufgehalten hatte, fand er, als er ankam, dass ein Teil davon schon in Ripa angelangt war, wo er ihn ausladen und nach dem Sankt-Peters-Platz bringen ließ, hinter Santa Catarina, wo er neben dem Korridor seine Wohnung hatte. Die Menge der Marmorblöcke war groß, so dass sie, auf dem Platz ausgebreitet, die Leute in Erstaunen, den Papst aber in frohe Laune versetzten. Dieser erwies dem Michelangelo viele und ungemessene Gunst; so suchte er ihn, als er mit der Arbeit angefangen hatte, sehr oft in seinem Hause auf und unterhielt sich dort mit ihm über das Grabmal und andere Dinge nicht anders, als er es mit einem Bruder getan haben würde. Und um bequemer hingehen zu können, hatte er angeordnet, dass vom Korridor zu der Wohnung Michelangelos eine Zugbrücke geschlagen wurde, über die er unbemerkt kommen konnte."[24]

Doch dann trat für Michelangelo schlagartig eine veränderte Situation ein. Der Rest des Marmors wurde in Ripa angelandet und Michelangelo begab sich auf den Weg zum Papst, um die zur Zahlung des Transportes erforderlichen Gelder abzuholen. Der Papst hatte ihm aufgetragen, sich, wenn er Geld benötige, immer direkt an ihn zu wenden. Dieses Mal erwies sich jedoch der Zutritt als schwierig und der Papst war beschäftigt. Michelangelo ging nach Hause und bezahlte die Leute aus eigener Tasche, um sie nicht in Not geraten zu lassen. Condivi berichtet dazu: „Als er nun eines anderen Morgens wiederkam und in das Vorzimmer trat, um Audienz zu erhalten, da stellte sich ihm ein Reit-

---

24 Condivi XXIV., S. 34.

knecht in den Weg und sagte: „Verzeiht, ich habe den Auftrag, Euch nicht einzulassen." Es war ein Bischof anwesend, der, als er die Worte des Reitknechts hörte, ihn schalt und sagte: „Du scheinst nicht zu wissen, wer dieser Mann ist." – „Wohl kenne ich ihn", versetzte der Reitknecht, „aber ich bin gehalten, das zu tun, was mir von meiner Herrschaft aufgetragen ist, ohne weiter zu fragen." Als Michelangelo (dem bis dahin niemals eine Tür verschlossen oder der Eintritt verwehrt worden war) sich so behandelt sah, antwortete er ihm, voll Empörung über den Vorfall: „Und Ihr werdet dem Papst sagen, wenn er mich von nun an braucht, möge er mich anderswo suchen!" Er ging also nach Hause und befahl den beiden Dienern, die er hatte, seinen ganzen Hausrat zu verkaufen und, sobald sie das Geld dafür erhalten hätten, ihm nach Florenz nachzufolgen. Er selbst nahm die Post und kam um zwei Uhr nachts nach Poggibonsi, einem Kastell auf Florentiner Gebiet (…). Hier, als an einem sicheren Orte, legte er sich nieder."[25] Condivi berichtet weiter, dass kurz darauf fünf Eilboten von Julius eintrafen mit dem Auftrag, ihn zurückzubringen, wo immer sie ihn finden würden. Michelangelo weigerte sich entschieden und drohte ihnen sogar, sie erschlagen zu lassen. Auf das drängende Bitten der Eilboten hin las er den an ihn gerichteten Brief, mit dem der Papst ihn aufforderte, „sofort nach Rom zurückzukommen, bei Vermeidung seiner Ungnade." Michelangelo antwortete kurz: „Er werde niemals zurückkommen, und er verdiene es nicht, für seine guten und treuen Dienste eine solche Vergeltung zu erfahren, dass er von seinem Angesicht gejagt werde wie ein schlechter Kerl; und weil Seine Heiligkeit vom Grabmal nichts mehr wissen wolle, so sei er seiner Pflicht enthoben und wolle sich

---

25 Condivi XXVIII., S. 37 f.

auch zu nichts anderem verpflichten."[26] Mit dieser schriftlich festgehaltenen Botschaft an den Papst mussten die Kuriere mit unerledigtem Auftrag nach Rom zurückkehren.

Doch Julius II. gab keineswegs nach. Er wandte sich an die Stadtverwaltung von Florenz, die auf seine ersten beiden Schreiben nicht reagierte. Als der Papst jedoch in seinem dritten Breve mit Gewalt drohte, rief der damalige Gonfaloniere der Republik Florenz, Piero Soderini, Michelangelo zu sich und bat ihn nachzugeben, um nicht einen Krieg heraufzubeschwören und die Sicherheit des Landes aufs Spiel zu setzen. Michelangelo ließ sich nach anfänglichem Widerstreben schließlich dazu überreden, wieder Kontakt mit dem Papst aufzunehmen.

Julius II. war in der Zwischenzeit in den Krieg gezogen, hatte Bologna eingenommen und hielt sich in der Stadt auf. Michelangelo hoffte auf einen gut gelaunten Papst bei einem Zusammentreffen.

Condivi berichtet dazu: „Als er nun eines Morgens in Bologna angekommen war und in die Kirche San Petronio ging, um die Messe zu hören, da kamen Reitknechte des Papstes, die ihn erkannten und ihn vor Seine Heiligkeit führten, die gerade im Palast der Sechzehn zu Tisch saß. Als dieser ihn vor sich sah, sagte er zu ihm mit zorniger Miene: „An dir war es, zu kommen und uns aufzusuchen, du aber hast gewartet, bis Wir zu dir gekommen sind." Womit er andeuten wollte, dass Seine Heiligkeit, indem sie nach Bologna gekommen sei, welcher Ort viel näher bei Florenz liegt als bei Rom, gleichsam ihn aufgesucht habe. Michelangelo kniete nieder und bat ihn mit lauter Stimme um Vergebung, indem er sich entschuldigte, er habe nicht aus Böswilligkeit gefehlt, sondern aus Zorn, da er es nicht habe

---

26 Condivi XXIX., S. 38.

ertragen können, so fortgejagt zu werden, wie ihm geschehen war. Der Papst saß da, mit gesenktem Kopfe und erregter Miene, ohne etwas zu erwidern, als ein Monsignore, der vom Kardinal Soderini geschickt war, um ihn zu entschuldigen und zu empfehlen, sich ins Mittel legen wollte und sagte: „Eure Heiligkeit möge nicht auf sein Vergehen achten; denn er hat aus Unwissenheit gefehlt. Die Maler, außerhalb ihrer Kunst, sind alle so." Zornig antwortete ihm der Papst: „Du sagst ihm eine Grobheit, wie Wir sie ihm nicht gesagt haben. Der Unwissende bist du und der Elende, nicht er! Geh mir aus den Augen und zum Henker!" Und als er nicht ging, wurde er von den Dienern des Papstes mit derben Püffen, wie Michelangelo zu erzählen pflegte, hinausgestoßen. Nachdem der Papst so seinen größten Zorn über den Bischof entladen hatte, rief er den Michelangelo näher heran, verzieh ihm und trug ihm auf, nicht von Bologna fortzugehen, ehe er ihm nicht einen anderen Auftrag gegeben habe."[27]

27 Condivi, XXXII., S. 40 f.

Die Bronzestatue Julius II. in Bologna, San Petronio

Dieser Auftrag ließ nicht lange auf sich warten und lautete über eine große Bronzestatue von ihm in seiner Funktion als Papst, die ihre Aufstellung über dem Portal von San Petronio finden sollte. Michelangelo fertigte ein Tonmodell an, das den Papst thronend darstellte mit zum Segen erhobener rechter Hand. Auf Michelangelos Vorschlag, in die linke ein Buch zu legen, soll der Papst geantwortet haben „Was Buch! – Ein Schwert! Ich bin doch kein Gelehrter."[28] Dass Michelangelo die Bibel gemeint haben könnte, die Bibel, die für ihn persönlich das Buch der Bücher bedeutete, auf diese Idee schien der Nachfolger Jesu auf dem Stuhl Petri nicht gekommen zu sein. Er wählte spontan das Schwert. Auf die scherzende Frage des Papstes „Diese deine Statue, erteilt sie Segen oder Fluch?" antwortete Michelangelo lächelnd: „Heiliger Vater, sie bedroht dieses Volk, wenn es nicht ruhig ist."[29]

Diese überlieferten Wortwechsel zeigen zunächst, wie demütig Michelangelo sich beim Papst für sein vom Zorn bestimmtes Verhalten entschuldigte und wie berührt der Papst ihn anhörte. Doch dann wies dieser Papst, ebenfalls von Zorn überwältigt, den um Verteidigung Michelangelos bemühten Bischof auf äußerst schroffe Weise in seine Schranken zurück. Von der Geschichtsschreibung wird sowohl Michelangelo als auch Julius II. eine ausgesprochene und durchaus vergleichbare *terribilità* zugeschrieben.

---

28 Condivi XXXII., S. 41.
29 Ebda.

Bemerkenswert ist die Antwort Michelangelos auf die Frage des Papstes, ob die rechte Hand der geplanten Statue zum Segen oder Fluch erhoben sei. Äußerst geschickt weicht Michelangelo einer direkten Entscheidung hierüber aus mit seiner Formulierung „Heiliger Vater, sie bedroht dieses Volk, wenn es nicht ruhig ist." Die rechte Hand drohend erhoben und in der linken auf Wunsch des Papstes statt der Bibel das Schwert würde diese Statue eindeutig die Kampfbereitschaft des Papstes signalisieren.

Italien war zu dieser Zeit nicht nur von ständigen Kämpfen der Stadtstaaten untereinander, sondern ebenso von den mit Waffengewalt durchgesetzten Machtansprüchen des Papsttums erschüttert. Hinzu kamen die Bedrohungen von außen, nicht zuletzt durch die immer weiter vordringenden Türken und damit des Islam. Michelangelo hat seine Gedanken zur Haltung des Papsttums der damaligen Zeit in seinem Gedicht *Qua si fa elmi di calici e spade* unmissverständlich zum Ausdruck gebracht:

Aus Kelchen läßt man Helm und Schwert hier schweißen;
Und Christi Blut ist's, das die Kassen füllt,
Aus Kreuz und Dornen werden Speer und Schild,
Selbst Christus würde die Geduld hier reißen.

Doch herzukommen sollt' Er sich verbeißen,
Weil hier Sein Blut mehr als die Sterne gilt
Und Haut und Haar nicht Romas Habgier stillt -
Hier trifft Er nicht das Heil, das Er verheißen.

Käm je mich Lust an, Schätze zu verlieren,
Weil Werk und Wirkung mählich von mir weichen,
Tät der im Mantel, was Medusa tat.

Doch kann nur Armut in den Himmel führen,
Was wird aus uns, wenn dieses andere Zeichen
Das andere Leben schon zu Boden trat?

Übersetzung M. Engelhard[30]

Michelangelo unterzeichnete dieses Gedicht mit den Worten *„Finis, Euer Michelagniolo in der Türkei.“* Während seines Aufenthaltes in Florenz vor der durch den Papst erzwungenen Abreise nach Bologna soll Michelangelo aus der Türkei der Bau einer Brücke von Konstantinopel nach Pera angeboten worden sein. Sein Freund Piero Soderini, Gonfaloniere der Republik Florenz, hatte Michelangelo von diesem Vorhaben entschieden abgeraten und zur Reise nach Bologna und damit zum Papst bewegt.[31] Eine Zuordnung des Gedichtes in diesen Zeitraum liegt daher nahe.

Die beiden ersten Strophen dieses Gedichtes lassen die tiefe Erschütterung Michelangelos über die Entartung des Papsttums erkennen. In Strophe drei kommt seine Überzeugung zum Ausdruck, dass – sollte ihn je der Wunsch ankommen, auf Schätze zu verzichten, weil sein Werk und seine Wirkung von ihm gewichen seien – der Papst[32] ihn sicherlich „mit Medusenblick zu Stein werden lassen würde". In Strophe vier folgt dann sein persönliches Armutsbekenntnis, dem er bis an sein Lebensende treu blieb.

Michelangelo benötigte für die Vollendung und Aufstellung der Bronzestatue des Papstes sechzehn Monate und be-

---

30 Michael Engelhard, Michelangelo, Gedichte, 10, S. 17 f.
31 Condivi XXX., S. 39.
32 Engelhard, Anm. 10, S. 403. Schon Engelhard vermutet in „Der im Mantel" Papst Julius II. Der von ihm angenommenen späten Datierung auf 1512 kann hier nicht gefolgt werden.

gab sich, nach kurzem Aufenthalt in Florenz, wieder dem Rufe des Papstes folgend, nach Rom.

Das Standbild Julius II., das von über dreifacher Lebensgröße gewesen sein soll, wurde drei Jahre später, nach der Rückkehr der Bentivoglio nach Bologna „von der Volkswut herabgeworfen und zerstört."[33]

---

33 Condivi XXXII., S. 41.

Rückkehr nach Rom

Seine alte Werkstatt in Rom stand noch zur Verfügung, der Marmor aus Carrara lag noch auf dem Petersplatz, doch die Hoffnung Michelangelos, nun mit der Arbeit am Juliusgrabmal fortfahren zu dürfen, erfüllte sich nicht. Julius II. hatte zwischenzeitlich den festen Entschluss gefasst, zunächst Alt-St. Peter, das für die Aufnahme des Grabmals sich als zu klein erwiesen hatte, neu aufbauen zu lassen., und beauftragte mit der Ausführung dieses Vorhabens den Baumeister Donato Bramante.[34]

---

34 Condivi XXVII., S. 36 f.

Der Auftrag zur Neugestaltung der Decke der Sixtinischen Kapelle

Für Michelangelo hatte Julius II. eine ganz andere Aufgabe vorgesehen: Die Neugestaltung der Decke der Sixtinischen Kapelle. Damit schloss Julius II. an das Erbe seines Onkels Sixtus IV. an, unter dessen Pontifikat diese Kapelle erbaut und die er im unteren Bereich mit einem umlaufenden Freskenzyklus durch die damals berühmtesten Maler hatte ausschmücken lassen. Die Decke überzog ein blauer Sternenhimmel.

Michelangelo war schockiert und wehrte sich entschieden gegen die Übernahme dieses Auftrags mit der Begründung, er sei kein Maler, sondern Bildhauer. Doch Julius II. ließ sich nicht von seiner Entscheidung abbringen. Der Papst selbst schlug die Darstellung der zwölf Apostel vor, doch nach ersten Überlegungen und Entwürfen trat Michelangelo erneut in dieser Angelegenheit an den Papst heran mit der Begründung, dass das Ganze eine „armselige Sache" (*una cosa povera*) werden würde. Der ungehaltene, fast zornige Papst soll geantwortet haben „Dann mach, was du willst." Die Aufgabe, die ihm auf die Schultern gelegt wurde, war gewaltig.

Doch Michelangelo beugte sich schließlich dem wie ein Befehl anmutenden Wunsche des Papstes. Immer wieder in Erstaunen versetzt das beinahe unglaubliche Vertrauen, das Julius II. in die Fähigkeiten dieses doch noch sehr jungen und auf dem Gebiet der Malerei vollkommen unerfahrenen Bildhauers setzte.

Vorbereitende Arbeiten

Vor Beginn der Ausmalung musste das riesige Tonnengewölbe so eingerüstet werden, dass im unteren Bereich die Gottesdienste reibungslos weiter durchgeführt werden konnten und keinerlei später sichtbare Mauerlöcher für eventuell erforderliche Stützbalken zurückbleiben würden. Eine außerordentlich schwierige Aufgabe, an der der zunächst beauftragte Baumeister Bramante scheiterte. Michelangelo löste auch dieses Problem.

In der Zwischenzeit gelang Michelangelo die Anwerbung von Gehilfen, die ihm bei der Ausführung der Fresken zur Hand gehen sollten. Zu diesem Zeitpunkt muss die grundlegende Idee für die inhaltliche Gesamtgestaltung des Deckenraumes im Kopfe Michelangelos bereits ausgereift gewesen sein (**Abb. 1**). Als Struktur für das Zentrum der Decke, den Deckenspiegel, wählte Michelangelo neun querrechteckige Bildfelder in rhythmisch zwischen klein und groß wechselndem Format, beginnend an der Eingangswand mit einem kleinen und endend an der Altarwand ebenfalls mit einem kleinen Rechteck, dazwischen dann die großen Bildfelder.

Das gesamte auszugestaltende Deckengewölbe wurde mit einem gemalten, wie aus hellem Marmor gemeißelt wirkendem Architektursystem überzogen: Zehn Gurtbögen überspannen die Tonnenwölbung und trennen die Bildfelder des Deckenspiegels voneinander. Ein umlaufendes gemaltes Gesims begrenzt die großen Bildfelder und schafft neben den kleinen Bildfeldern Raum für weitere Gestaltungsmöglichkeiten. Die Mitte des zwischen den Schmalseiten der kleinen Bildflächen des Deckenspiegels und des Gesimses entstehenden Raumes füllt ein bronzefarbenes Medaillon aus und seitlich vor den begrenzenden Gurtbögen zeigen sich auf dem hier vorspringenden Gesims auf wie zu Hockern ausgebildeten Podesten an den vier Ecken der kleinen Bildfelder die berühmten *Ignudi*, nackte Jünglingsgestalten, in heftigster Bewegung. Dieses umlaufende Gesims rahmt die Zone mit den Bildfeldern des Deckenspiegels ein, während die durchlaufenden Gurtbögen die Verbindung zu der darunter liegenden Zone herstellen. Auch in diesem Bereich sind die Gurtbögen unterhalb der die *Ignudi* tragenden Gesimsvorsprünge zu besonderen Bildträgern ausgestaltet: Auf einem von vergoldeten Balustern gestützten vorspringenden Podest scheinen sich jeweils zwei kleine nackte Kinder in lustiger Zweisamkeit ihres Lebens zu freuen. Lediglich im Eingangsbereich deuten sie durch statischere Haltung und hochgereckte Arme stärker das Motiv des Stützens an. Ihre farbliche Gestaltung lassen sie wie wunderbare kleine Marmorskulpturen wirken. Sie dienen unterhalb der Medaillons der seitlichen Begrenzung der dort zur Aufnahme der sieben Propheten und fünf Sibyllen vorgesehenen Throne.

Ganz anders ist die Gestaltung des Raumes unterhalb der Schmalseite der großen Deckenfelder. Dort schneiden Stichkappen ein, deren Spitzen durch einen marmorfarbenen, gemalten Widderkopf mit dem umlaufenden Gesims verbunden sind und den jeweils seitlich verbleibenden Raum in zwei Dreiecke teilen. Diese zwei dunkel eingefärbten Dreiecke dienen der Aufnahme von zwei nackten, bronzefarbenen Jünglingsgestalten in unterschiedlichsten Stellungen – von versuchter Kontaktaufnahme mit dem gleich gestalteten Gegenüber über wildes Aufbäumen und Stemmen gegen die sie beengenden Begrenzungen bis hin zu müder Resignation.

Die Grundflächen der Stichkappen leiten dann über zu den sich oberhalb der Fensterrundungen befindlichen Lünetten, deren Grundflächen an die vorhandene Wanddekoration anschließen.

An den Stirnseiten der Kapelle dienen Gewölbezwickel nicht nur der architektonischen Gestaltung der mittig vorgesehenen Propheten-Throne, sondern bilden gleichzeitig große Freiflächen für die Aufnahme weiterer Bildformulierungen.

Der Beginn der Freskierung

Michelangelo begann mit der Ausführung der Fresken des Deckenspiegels an der Eingangswand, nicht – wie zu erwarten gewesen wäre – mit dem ersten kleinen Bildfeld, sondern mit dem folgenden großen und der Darstellung der *Sintflut*. Die Arbeit an diesem gewaltigen Werk stand kurz vor der Vollendung, als Michelangelo zu seiner Bestürzung feststellen musste, dass die gesamte Bildfläche von Salzausblühungen und einer Art Schimmelbildung überzogen war und rettungslos verloren schien. Sofort informierte er den Papst und verlangte nochmals die Entbindung von dieser Aufgabe, da seine Leistung nun den Beweis für seine Unerfahrenheit auf dem Gebiet der Malerei geliefert habe. Doch der Papst entsprach keinesfalls dem Drängen Michelangelos, sondern schickte den erfahrenen Architekten Giuliano da Sangallo in die Sixtinische Kapelle, um den Schaden zu begutachten. Sangallo konnte die Ursachen der entstandenen Ausblühungen erklären und Maßnahmen zu deren Beseitigung vorschlagen.

Das Fresko war nicht verloren und Michelangelo erhielt den Befehl vom Papst, seine Arbeit unverzüglich wieder aufzunehmen. Er entließ nach Quellenberichten seine Gehilfen, die er vermutlich für die durch unrichtige Zusammenstellung des Putzuntergrundes entstandenen Schäden verantwortlich machte.[35]

---

35 Ross King, Michelangelo und die Fresken des Papstes, Albrecht Knaus Verlag, München, 2003, S. 121 ff.

Die Ungeduld des Papstes

Der Papst interessierte sich offensichtlich lebhaft für das, was dort an der Decke der Kapelle entstand. Condivi berichtet: „Während er malte, wünschte Papst Julius öfters die Arbeit zu sehen, wobei er auf einer Holzleiter hinaufstieg und Michelangelo ihm die Hand reichte, um ihm auf das Gerüst hinaufzuhelfen. Und heftig, wie er von Natur war, und ungeduldig zu warten, da ja erst die Hälfte fertig war, nämlich von der Tür bis zum halben Gewölbe, wollte er, dass er die Arbeit aufdecken sollte, obwohl sie noch unvollendet und noch nicht die letzte Hand angelegt war. Die Meinung und die Erwartung, die man von Michelangelo hatte, zog ganz Rom hin, diese Sache zu sehen, und auch der Papst ging hin, bevor sich noch der Staub, der sich beim Abbrechen des Gerüstes erhoben, gelegt hatte."[36]

---

36 Condivi, XXXVII., S. 47.

Mißgunst unter Künstlerkollegen

Besonders interessiert hatte offensichtlich die Arbeit Michelangelos den zeitgleich im Auftrag des Papstes die Stanzen und Loggien ausmalenden Raffael. Condivi berichtet: „Als nach dieser Arbeit Raffael die neue und wunderbare Manier gesehen hatte, trachtete er, als einer, der im Nachahmen groß war, mit Hilfe des Bramante danach, den Rest zu malen. Dadurch wurde Michelangelo sehr aufgebracht, und vor Papst Julius gekommen, beklagte er sich nachdrücklich über das Unrecht, das ihm Bramante antue. Und in dessen Gegenwart beschwerte er sich darüber beim Papst, indem er ihm alle Verfolgungen entdeckte, die er von ihm erlitten; und darauf deckte er ihm viele von dessen Fehlern auf (…), so dass der Papst, als er diese traurigen Dinge gehört hatte, wünschte, Michelangelo solle weiterarbeiten und ihm mehr Gunst erwies als je zuvor.[37]

Wichtig an diesem Bericht ist die Erwähnung, dass Michelangelo sich beim Papst in Gegenwart Bramantes beschwerte. Bramante und Raffael standen beim Papst hoch in Ansehen, nicht nur wegen ihrer künstlerischen Fähigkeiten, sondern auch, weil sie gesellig und, jedem leiblichen Genuss gegenüber aufgeschlossen, gern an den Festlichkeiten des Papstes teilnahmen – ganz im Gegensatz zu Michelangelos grüblerischer Verschlossenheit und Neigung zu genügsamster Lebensauffassung. Nach der Überlieferung durch Condivi war dem Papst während der Abwesenheit Michelangelos von Bramante und anderen Nebenbuhlern Michelangelos in den Kopf gesetzt worden, die Decke der Sixti-

---

37 Condivi, XXXVIII., S. 47 f.

na ausmalen zu lassen, „wobei sie ihm Hoffnung machten, dass er darin Wunder leisten werde. Diesen Dienst erwiesen sie ihm aber aus Bosheit, um den Papst von Bildhauereidingen abzuziehen, weil die es für eine sichere Sache hielten, dass er entweder, wenn er auf dieses Unternehmen nicht eingehe, den Papst gegen sich aufbringen oder, wenn er es annehme, viel weniger Erfolg damit haben werde als Raffael von Urbino, dem sie aus Hass gegen Michelangelo jede Vergünstigung erwirkten; (…)[38]

Beinahe unglaublich und unfassbar erscheint das Vorgehen eines so begabten Malers wie Raffael, nun, nach der begeistert aufgenommenen Enthüllung der ersten Hälfte der Decke und der nicht zu übersehenden Begeisterung des Papstes mit Hilfe Bramantes beim Papst den Entzug der Weiterführung der Arbeiten durch Michelangelo und die Übertragung an sich selbst erwirken zu wollen. Michelangelos Entrüstung über ein derartiges Verhalten ist durchaus nachvollziehbar und die Reaktion des Papstes spricht für ihn. In anderem Zusammenhang berichtet Condivi: „Viele andere Dinge begegneten ihm bei Lebzeiten des Papstes Julius, der ihn innig liebte und mehr Sorge und Eifersucht um ihn hatte als um irgendeinen anderen aus seiner Umgebung …"[39]

---

38 Condivi XXXIII., S. 41f.
39 Condivi XXXIX., S. 49.

Weiterführung und Beendigung der Arbeiten

Michelangelo stürzte sich wieder in die Arbeit, unter schwierigsten Bedingungen, ohne Unterstützung von Gehilfen und ohne Rücksicht auf die eigenen körperlichen Befindlichkeiten. Und der Papst drängte bei seinen Besuchen auf dem Gerüst auf Fertigstellung. Condivi berichtet: „Dieser (der Papst) habe ihn eines Tages gefragt, wann er mit der Kapelle fertig sein werde, und als er ihm geantwortet: „Wann ich kann", habe er zornig gesagt: „Du hast wohl Lust, dass ich dich von diesem Gerüst herabwerfen lasse!" Als das Michelangelo hörte, sagte er bei sich: „Du wirst mich nicht herabwerfen lassen", und als er gegangen war, ließ er das Gerüst abbrechen und enthüllte am Allerheiligentag das Werk, das zur großen Befriedigung des Papstes (…) und unter dem Zulauf und der Bewunderung von ganz Rom zur Schau stand. (…) Julius, dessen Zorn verraucht war, wollte, dass Michelangelo es vollende; er aber, der die Beschwerlichkeit bedachte, die er mit dem Wiederaufrichten des Gerüstes haben würde, erwiderte, das, was fehle, sei nicht von Belang. „Es wäre doch nötig, Gold aufzusetzen", antwortete der Papst; darauf Michelangelo vertraulich, wie er es mit seiner Heiligkeit gewohnt war: „Ich sehe nicht, dass die Menschen Gold anhätten." Und der Papst: „Es wird ärmlich aussehen." – „Die da gemalt sind", versetzte Michelangelo, „waren auch ärmlich."[40]

Die Überlieferung dieses Wortwechsels zwischen dem Papst und dem von ihm beauftragten Künstler sollte vermutlich lediglich der Schilderung des Vertrauensverhältnis-

---

40 Condivi XXXVIII., S. 48f.

ses zwischen diesen in ihren gesellschaftlichen Positionen so unterschiedlichen und ihrem Wesen so ähnlichen Personen dienen. Doch darüber hinaus darf man bei einem Denker wie Michelangelo annehmen, dass seine spontane Antwort sich bewusst sofort auf die in seinem Fresko so zahlreich und in unterschiedlichsten Situationen abgebildeten Menschen bezog.

Michelangelo hatte auf Anordnung des Papstes mit den Arbeiten im Mai 1508 begonnen und am Allerheiligentag 1512 wurde die Decke enthüllt und der Öffentlichkeit zugänglich gemacht. In diesem kurzen Zeitraum von nur vier Jahren entstand dieses gewaltige Werk, das nicht nur die uneingeschränkte Zustimmung des Papstes fand, sondern laut Condivi „unter dem Zulauf und der Bewunderung von ganz Rom stand."[41] Die kraft- und lebensvollen Gestalten der Deckenfresken bewiesen nicht nur die außergewöhnliche Begabung Michelangelos als Maler, sondern beeinflussten auch maßgeblich die nachfolgenden Künstlergenerationen.

---

41 Condivi, XXXVIII., S. 48.

Auf der Suche nach dem Sinn

Nicht weniger begeistert sind die Menschen heute – über 500 Jahre später – nach der gelungenen Restaurierung der Fresken. Die gewaltigen Gestalten der Propheten und Sibyllen in ihrer leuchtenden Farbigkeit beherrschen das Deckenprogramm, ziehen den Betrachter in ihren Bann und lassen die Bilder des Deckenspiegels beinahe in den Hintergrund treten. Und doch wird in diesen Bildformulierungen der Grund gelegt für das inhaltliche Verständnis der von Michelangelo in seine Fresken hinein gelegten Botschaft.

In der Einführung zu dem nach der Restaurierung der Fresken herausgegebenen Bildband über die Restaurierung der Deckenfresken in der Sixtinischen Kapelle heißt es im Textbeitrag in dem Aufsatz über Gliederung und Aussage dazu: „In unserer Zeit und in unserem Licht sitzend, größer und mit mehr Details dargestellt als alle anderen Figuren an der Decke, weissagen die Propheten und Sibyllen für uns die christliche Botschaft, die in den Szenen zwischen ihnen sichtbar wird, in einem unermesslichen Raum und in einem neuen Licht. Die Betrachtung von Weissagungen fördert denn auch das Verständnis für die göttliche Tiefe und Einheit der gesamten Bibel, die sich einer literarischen Deutung verschließt. Auf eine derartige Botschaft antwortet Michelangelo mit seiner überwältigenden Vision von formaler Größe, geistlichem Reichtum und vollkommener Klarheit."[42]

---

42 Frederick Hartt, Textbeitrag in: Die Sixtinische Kapelle, Verlagsgruppe Weltbild Augsburg, 2004, Bd. I, S. 30.

Zumindest merkwürdig berührt, dass im gleichen Textbeitrag eingangs zu lesen war: „Michelangelo pfropfte seine dramatische Handschrift – mit auf Momentaufnahmen beschränkten, personenbezogenen Darstellungen anstelle eines ausführlichen Erzählflusses – einem zugrunde liegenden Programm auf, dessen Bedeutung in den Einzelheiten auf einem Wissen beruhte, das theologisch Gebildeten vorbehalten blieb, auch wenn die wichtigsten Darstellungen und ihre tiefere Bedeutung für jeden Zeitgenossen verständlich waren. Während gesichert ist, dass Michelangelo die Bibel und Dantes Dichtungen ebenso gut kannte wie die Predigten Savonarolas, weiß man nicht, ob seine Lateinkenntnisse ausreichten, theologische Kommentare zu lesen ...“[43]

Bekannt ist hingegen, dass Michelangelo sich seit frühester Jugend an Diskussionen um philosophische und theologische Themen beteiligte und in seiner tiefen Religiosität an diesen Fragen äußerst interessiert war. Wiederholt seien an dieser Stelle noch einmal die Worte, die sein Biograph Ascanio Condivi im Anschluß an Michelangelos Worte über die *Pietà* in Rom uns überliefert: „... Eine Betrachtung, jedes Theologen würdig und an anderen vielleicht erstaunlich, nicht aber an ihm, den Gott und die Natur gebildet haben, nicht nur, um mit der Hand Einzigartiges zu schaffen, sondern der auch jedes göttlichen Gedankens fähig ist, wie es sowohl aus dem Gesagten wie auch aus so vielen seiner Bemerkungen und Aufzeichnungen sich erkennen lässt ...“[44]

Es darf vorausgesetzt werden, dass dem Papst das grundlegende Programm für die Gestaltung der freien Bildflächen bekannt war, ein Programm, gegen das kaum ein geistliches

---

43 Frederick Hartt, Textbeitrag in: Die Sixtinische Kapelle, Verlagsgruppe Weltbild Augsburg, 2004, Bd. 1, S. 11f.

44 Ascanio Condivi, Das Leben des Michelangelo Buonarroti, XX., S. 30f.

Beraterteam Einwände erhoben haben könnte: Propheten als Verkünder der christlichen Botschaft, Sibyllen als Übermittlerinnen der Weissagungen der Vorzeit und in den neun Feldern des Deckenspiegels Darstellungen aus der Schöpfungsgeschichte, und zwar je drei Szenen aus der Zeit vor der Erschaffung des Menschen, drei Szenen von der *Erschaffung Adams* bis zur *Vertreibung aus dem Paradies*, wobei *Sündenfall und Vertreibung* in einem großen Deckenfeld zusammengefasst sind, während die *Erschaffung Evas* das kleine, aber zentrale Feld des gesamten Deckenspiegels füllt. Es folgen dann drei Szenen aus dem Leben Noahs und in den Gewölbezwickeln erinnern vier Darstellungen an die wunderbaren Errettungen des auserwählten Volkes. (Abb. 2 und 3)

Unvorstellbar ist, dass ein so universell und genial begabter, von tiefer Religiosität geprägter, aber auch sehr eigenwilliger Mensch wie Michelangelo sich den Direktiven eines theologischen Beraterteams untergeordnet haben könnte.[45] Es stellt sich vielmehr die Aufgabe, die Erklärung der Zusammenhänge und der überwältigenden Kraft, mit der Michelangelo die Gedankenwelt ins Bild setzte, in seinem eigenen Werk aufzuspüren und dazu gehören außer seinen überlieferten Briefen seine Gedichte. Und es gehört vor allem dazu, sich seinen Bildwerken mit offenen Sinnen und unvoreingenommen auszusetzen.

---

45 Hartt, in: Die Sixtinische Kapelle, Verlagsgruppe Weltbild, Bd.1, S. 12f.

Die neun Fresken des Deckenspiegels

1. Die Trennung von Licht und Finsternis (Abb. 4)

Im ersten Deckenfresko, allgemein als *Trennung von Licht und Finsternis* bezeichneten Fresko, teilt Gott wie wirbelnd aus dem dunklen Nichts sich heraufschraubend mit weit ausholenden, kräftigen Schwimmbewegungen Hell und Dunkel voneinander. Das Gesicht des Schöpfers ist vom Betrachter ab- und dem Tun seiner Hände zugewandt. Das durchsichtige lila Gewand lässt die Körperlichkeit Gottes durchscheinen, zeigt kräftige Arme und Beine und im Bereich des Oberkörpers die Andeutung weiblicher Körperformen. Hier wird Hell und Dunkel getrennt. Das Motiv der Teilung in Hell und Dunkel ist unübersehbar.

Michelangelo hat seine eigenen Gedanken zum Anfang der Schöpfung in seinem Gedicht *Colui che fece, e non di cosa alcuna* zum Ausdruck gebracht:

Der welcher – nicht aus einem Ding – die Zeit
Erschuf, die noch für niemand war, der schuf
Aus einer zwei: die hohe Sonn' der ersten,
Den Mond der anderen – viel näher – gebend.

Da wuchsen jedem seine Lose, Glück
Und Stern im gleichen Augenblicke zu,
Und mir ward von Geburt und in der Wiege,
Als mir gemäß, die schwarze Zeit gewiesen

Und so wie einer, selber nach sich äffend,
Noch finstrer wird, wenn draußen sehr viel Nacht,
Muß ich mich grämen um mein böses Tun.

Doch hab' ich großen Trost: mir ist gewährt,
Dass meine Nacht sich in der Sonne lichtet,
Die Dich seit Deinem Anbeginn begleitet. [46]

Die letzte Strophe scheint dieses Sonett zwar in ein Liebes-
gedicht umzuwandeln, doch das Zentrum bleiben die Selbst-
deutung Michelangelos und seine Gedanken zum Beginn
der Schöpfungsgeschichte. Die Trennung von Licht und
Finsternis – von Hell und Dunkel – fällt bei Michelangelo
zusammen mit der Erschaffung der Zeiten.

2. Gott weist auf Sonne und Mond (Abb.5)

Im zweiten Deckenfresko, allgemein bezeichnet als *Die Erschaffung von Sonne und Mond,* entfernt Michelangelo sich von
jeglicher Bildtradition, indem er auffällig auf die Darstellung der nach dem biblischen Bericht gleichzeitig erfolgten
Erschaffung der Sterne verzichtet.

Doch nicht nur das Fehlen der Sterne ist ungewöhnlich, die ganze Bildformulierung weicht völlig ab vom traditionellen Bildtypus. Während bei Raffael in den Loggi-
en[47] die Gestirne – auch hier nur Sonne und Mond – von
dem über dem Erdrund schwebenden Gott-Vater, der in

---

46 Übersetzung Hugo Friedrich in: Epochen der italienischer Lyrik,
   S. 408.
47 Abbildung in: Michelangelo und Raffael im Vatikan, Abb. 3, S.
   187.

Rückenansicht dargestellt ist, an den Himmel geheftet werden, braust bei Michelangelo die Schöpfergestalt aus der Tiefe des Weltraumes heran und weist mit weit ausgestreckten Armen in herrischer Gebärde und entschlossenem Gesichtsausdruck auf Sonne und Mond, auf das helle und das dunkle Gestirn. Diese Trennung von Hell und Dunkel prägt auch die jungen Begleiter, die im sich öffnenden Gewand des Schöpfers unter seinen ausgestreckten Armen sichtbar werden. Auf der Sonnenseite helle Körper, Lebhaftigkeit der Bewegungen, ja sogar das Bestreben, die Augen vor dem Glanz zu schützen. Auf der anderen Seite dunkle Hautfarbe, traurige Gesichter und das Bemühen, den kleinen Kopf mit einem dunklen Tuch wie in einem Trauergestus zu umhüllen.

Erinnert man sich an den Wortlaut des Gedichtes, so wird schlagartig klar, dass es hier bei Michelangelo in seinen Bildformulierungen um den Menschen geht, und zwar um die Zuweisung des Menschen im Augenblick der Schöpfung zu dem einen oder anderen Gestirn und damit um sein Schicksal.

Michelangelo konnte sein Schicksalsverständnis auf eine Reihe von Bibelstellen gründen. Im Brief des Paulus an die Epheser heißt es z. B. in Kapitel 1, Vers 4:

„Wie er (Gott) uns denn erwählt hat durch denselben (Christus), ehe der Welt Grund gelegt war", und in Psalm 139,16: „Deine Augen sahen mich, da ich noch unbereitet war, und alle Tage waren auf dein Buch geschrieben, die noch werden sollten, als noch keiner war."

Irritierend und völlig ungewöhnlich ist nicht nur das zweimalige Erscheinen des Schöpfers in diesem Fresko, sondern vor allem die Art, in der Michelangelo es wagt, hier an der Decke der heiligsten Kapelle der katholischen Christenheit sein Gottesbild zu formulieren. In Rückenansicht gezeigt, die nackten Fußsohlen dem Betrachter entgegengestreckt und die rückwärtige Körperpartie nahezu ungehörig deutlich ausgeprägt, scheint der Schöpfer durch Zeit und Raum zu brausen und schafft mit der ausgestreckten rechten Hand die Natur, die in der linken unteren Bildecke in den grünen Pflanzen angedeutet wird. Zweifellos soll hier auf die Gottgeschaffenheit der menschlichen Körperlichkeit in allen ihren Teilen hingewiesen werden. Die Deutung als Hinweis auf die Menschwerdung Christi fügt sich zwar in diese Interpretation ein, erklärt aber nicht die krasse Bildformulierung.

In diesen beiden ersten Fresken werden Gedanken angelegt, die in der weiteren Bildfolge zum bestimmenden Element werden.

3. Gott schwebt über den Wassern (Abb. 6)

Das dritte Deckenfresko *Gott schwebt über den Wassern* wurde bereits von den Zeitgenossen kontrovers gedeutet. Die Vorschläge reichen inzwischen von *Die Erschaffung der Tiere,* obgleich kein einziges Tier in der Bildformulierung zu erkennen ist, über die *Erschaffung des Lebens aus dem Wasser* bis zur *Trennung von Wasser und Land,* wobei dann die Sichtbarwerdung des geschaffenen Landes fehlen würde.

Waren die beiden vorangehenden Fresken von Dynamik und dem Motiv des Trennens bestimmt –, im dritten Fresko ist davon nichts zu spüren. Im Gegenteil – die ganze Bildformulierung strahlt Ruhe aus. Gott schwebt mit weit ausgebreiteten Armen und gesenkten Augenlidern wie segnend über den Wassern. Die kleinen Begleiter kuscheln sich in den muschelförmig aufgebauschten Gottesmantel. Die kleine helle Begleitfigur rechts blickt zurück, während sie das faltenreiche Gewand Gottes zusammenrafft und der ebenfalls helle Kleine auf der gegenüberliegenden Seite führt, gehalten von dem linken, segnend ausgestreckten Arm Gottes seine ganze nackte Körperlichkeit vor. Auch die kleine dunkle Begleitfigur ist in dieser Bildformulierung vertreten: Im Schutz des muschelförmig gebauschten Gottesmantels wird hinter der rechten hellen kleinen Begleitfigur und unter dem segnend ausgestreckten rechten Arm Gottes ein kleines dunkles Kindergesicht erkennbar. Und nach der Restaurierung der Fresken verstärkt sich der Eindruck, dass dieses ruhige kleine Kindergesicht sogar einen Anflug von einem Lächeln zeigt.[48] Und Gott schwebt segnend über den Wassern.

Michelangelo, für den die Bibel das Buch der Bücher war, musste das Symbol des Wassers vertraut gewesen sein. In der Offenbarung des Johannes Kapitel 17,15 heißt es: „… Die Wasser, die du gesehen hast, … sind Völker und Scharen und Nationen und Sprachen." Die Bezeichnung von Völkern als Wasser findet sich ebenfalls beim Propheten Jesaja in Kapitel 8,7 und beim Propheten Jeremia in Kapitel 47,2.

Wendet man diese Deutungsmöglichkeit auf das dritte Deckenfresko an, so lässt Michelangelo seinen Gott segnend über allen von ihm geschaffenen Menschen, allen Völkern, schweben. Das gütige Antlitz des Schöpfers und die halb geschlossenen Augen – der Gegensatz in der Physiognomie Gott-Vaters im Vergleich zum vorangehenden Fresko könnte kaum krasser vor Augen geführt werden – deuten an, dass keine Unterscheidung gemacht wird. Der Segen soll allen Völkern gewährt werden. Der Hinweis auf Christus ist zweifellos enthalten.

---

48 Abb. S. 121/122 in: Michelangelo, Die Sixtinische Kapelle, Verlagsgruppe Weltbild, Bd. II.

Die Reduktion der Körperlichkeit und das Herauswachsen aus dem muschelförmig gestalteten Mantel, der die begleitenden Figuren einhüllt, verstärkt den Segensgestus und verleiht ihm gleichzeitig einen Ewigkeitscharakter.

Nicht unbeachtet sollte bleiben, dass Michelangelo die Darstellungen auf den Medaillons über dem Altar mit der *Opferung Isaaks* enden lässt, der ebenfalls der allen Völkern zugesagte Segen und der Hinweis auf Christus inhärent ist.

Die drei ersten Fresken geben somit den mit der Schaffung der Zeiten festgelegten Rahmen an, in dem sich die Geschicke der Menschheit vollziehen werden – Trennung, unterschiedliche Ausstattung der Menschen und Völker und letztlich doch umfassender Segen.

4. Die Erschaffung Adams (Abb.7)

Michelangelos Bildformulierung der *Erschaffung Adams* weicht nicht nur von allen vorangegangenen Gestaltungen dieses Themas ab, sondern nicht unerheblich auch vom Bibeltext. Sein Adam ist auf kahlem, nacktem, und vor allen Dingen abschüssigem Felsgrund gelagert. Kein Lebensbaum wächst hinter ihm empor, wie in anderen Darstellungen üblich. Er wird nicht vom Schöpfer aus Lehm geformt, sondern weist dem Betrachter seinen vollendeten, wunderbar gebildeten Körper in allen Details vor. Dieser muskulöse Athletenkörper wirkt jedoch keinesfalls kraftvoll. Die Hand des aufgestützten, ausgestreckten Armes scheint matt herunterzusinken, und der ausgestreckte Zeigefinger Gott-Vaters berührt ihn nicht. Hier hat Gott dem ersten Menschen einen rauen Platz auf der Erde angewiesen. Er hat ihn nicht ins Paradies gesetzt, sondern es wird an ihn die Anforderung gestellt, sich auf abschüssigem Grund zu behaupten. Das Antlitz des Schöpfers weist Indifferenz, aber keinesfalls Härte aus – als wollte er einen Versuch mit Adam machen, ihn erproben –, und die Kraftlosigkeit des ersten Geschöpfes sowie sein trauriger Blick lassen die weitere Entwicklung bereits erahnen.

Ängstlich auf Adam gerichtet ist auch der Blick des anscheinend weiblichen Geschöpfes, um das Gott schützend seinen Arm gelegt hat, und in dem eine Reihe von Interpreten eine Präfiguration Evas sieht.

Wieder wählte Michelangelo für den die himmlische Erscheinung umrahmenden Mantel die Muschelform, die den kleinen nackten Begleitern Schutz und Halt gewährt. Das Ungewöhnlichste an dieser Bildformulierung ist jedoch das Gewand Gottes. Weit über dem Knie endend, lässt es die nackten Beine des Schöpfers sichtbar werden, die bis zum abgespreizten Zeh des rechten Fußes denen Adams entsprechen. Am rechten Arm ist das Gewand hoch hinauf gerutscht und legt sich wie nass um die durchscheinenden Körperformen. Michelangelo hat sich mit dieser Gottesdarstellung bis zum Äußersten vorgewagt, um zweifellos die Gottesebenbildlichkeit des Menschenkörpers in Erinnerung zu rufen und vor Augen zu führen.

5. Die Erschaffung Evas (Abb. 8)

Mit der *Erschaffung Evas* ist das Zentralfeld der Deckenfresken erreicht, unter dem zur Zeit Michelangelos der Marmorlettner das Presbyterium, den Raum für die Priesterschaft, vom Laienraum trennte. Michelangelo hat sie als Mittelpunkt seines Zyklus gewählt – nicht die Erschaffung des ersten, sondern des zweiten Menschen wurde von ihm in einem kleinen Bildfeld zum Mittelpunkt seiner Bildfolge gemacht. Die Wichtigkeit der Wahl gerade dieser Darstellung zum Zentralbild wurde von der Forschung erkannt in der sich auf die Kirchenlehrer gründenden typologischen Gleichsetzung von Eva und Maria, der zweiten Eva, und der auf der Gleichsetzung von Maria mit Ecclesia sich eröffnenden Deutungsmöglichkeit der *Erschaffung Evas* als Erschaffung der Kirche,[49] eine Interpretationsmöglichkeit, die unter Berücksichtigung der Bedeutung der Kapelle mit Sicherheit auch in einer Sinnschicht als beabsichtigt angenommen werden darf.

In diesem Zusammenhang geht es jedoch um etwas anderes – um das Aufspüren dessen, was Michelangelo durch die ihm allein gegebene besondere Ausdrucksmöglichkeit als zweite Sinnschicht in seine Darstellungen hineingelegt haben kann und um die Aufzeigung des inhaltlichen Zusammenhangs aller Bildformulierungen als geschlossenes, eigenes Programm. Dazu gilt es, nicht nur die typologischen Deutungsmöglichkeiten, sondern vor allem die vom Künstler benutzte Bildsprache sowohl in allen Einzelheiten als auch unter Berücksichtigung des zu empfindenden Stimmungsgehaltes zu lesen zu versuchen.

In Michelangelos Bildformulierung der *Erschaffung Evas* wird der prophetische Charakter der Darstellung unübersehbar. Links im Bild ist der in tiefen Schlaf gesunkene Adam gegen einen wie abgestorben wirkenden Baumstumpf gelehnt, dessen Äste darüber hinaus noch wie von Hand abgesägt zu sein scheinen, ein Vorgang, der mit der Vorstellung von Paradies unvereinbar ist. Michelangelo entfernt sich damit von jeglicher Bildtradition, in der hinter dem schla-

---

49 Vgl. Lieselotte Bestmann, Die Galerie Alexanders VII. im Palazzo del Quirinale zu Rom und ihre Beziehung zum ikonographischen Programm der Decke der Sixtinischen Kapelle, Verlag an. d. Lottbek, Ammersbek b.Hamburg, 1991, S. 102, Anmerkung 313.

fenden Adam Bäume hervorzuragen pflegen – als Symbol des Lebens und des Eingebundenseins in die von Gott erschaffene Natur.

Und Eva drängt sich kraftvoll hinter Adam hervor, wie aus einer dunklen Höhle kommend. Das linke Bein gestreckt und bereits fest auf den Boden gestemmt, während das angewinkelte rechte noch mit Adam verbunden zu sein scheint. Eva streckt sich – sofort hellwach –, mit bittend erhobenen Händen und wie zum Flehen geöffneten Lippen mit aller Kraft ihrem vor ihr wie ein Monument stehenden Schöpfer entgegen. Und hinter ihrem Rücken zeichnet sich – wie als Symbol des Bösen und sie bedrohend – ein beschnittener Ast des abgesägten Baumstumpfes vor dem blauen Himmel ab.

Entgegen aller Bildtradition empfängt der Schöpfer in dieser Bildformulierung Michelangelos sein Geschöpf nicht unterstützend und segnend. Hier wird nicht liebevoll die Gefährtin des ersten Menschen ins Leben gerufen, sondern das Bild verdeutlicht die Schaffung des zweiten Menschen, vorherbestimmt nach ewigem Plan und vorhanden als Abbild von Urbeginn, wie die Ausbildung weiblicher Körperformen im Schöpferbildnis des ersten Deckenfreskos erkennen lässt, vorherbestimmt zum Begehen der ersten Sünde, von deren alleiniger Ausführung durch Eva Michelangelo sich im folgenden Fresko so auffallend distanziert.

In der *Erschaffung Evas* steht der Schöpfergott erstmals auf der Erde, umhüllt von seinem weiten Mantel. Sein linker Arm rafft dessen gewaltige Fülle zusammen, wodurch unten auf dem Boden, auf einer Höhe mit den nackten Füßen des schlafenden Adam, der linke nackte Fuß des Schöpfergottes sichtbar wird. Sein rechter Arm hat sich aus der weiten Umhüllung gelöst und die rechte Hand öffnet sich wie den Schöpfungsvorgang unterstreichend direkt über den bittend ihm entgegengestreckten Händen Evas. Sein Blick heftet sich fest auf das ihm flehend zugewandte Antlitz seines neuen Geschöpfes.

Welche Kraft Michelangelo in diesen Körper Evas gelegt hat, wird erst voll erfahrbar, hat man im vorangehenden Fresko, der *Erschaffung Adams,* die Kraftlosigkeit im Körper Adams wahrgenommen. Bei Michelangelo ist Eva völlig auf sich allein gestellt und sie ergreift sofort die Initiative – sie wendet sich mit aller ihr zur Verfügung stehenden Kraft flehend an ihren Schöpfer.

Und damit lässt Michelangelo Eva intuitiv genau das tun, was Gott vom nicht von Geburt aus erwählten und begünstigten Menschen erwartet. Michelangelo konnte dieses Verständnis aus dem biblischen Bericht über Kain und Abel, den beiden Söhnen Adams und Evas, gewonnen haben.[50] Dort heißt es im 1. Buch Mose, Kapitel 4,3: „Es begab sich aber nach etlicher Zeit, dass Kain dem Herrn Opfer brachte von den Früchten des Feldes. 4. Und auch Abel brachte von den Erstlingen seiner Herde und von ihrem Fett. Und der Herr sah gnädig an Abel und sein Opfer, 5. aber Kain und sein Opfer sah er nicht gnädig an. Da ergrimmte Kain sehr und senkte finster seinen Blick. 6. Da sprach der Herr zu Kain: Warum ergrimmst du? Und warum senkst du deinen Blick? 7. Ist's nicht also? Wenn du fromm bist, so kannst du frei den Blick erheben. Bist du aber nicht fromm, so lauert die Sünde vor der Tür, und nach dir hat sie Verlangen; du aber herrsche über sie."

Doch Kain verweigerte sich dem Angebot des Herrn und zog es vor, seinen Bruder Abel zu erschlagen. Was folgte, war der erste Brudermord in der Menschheitsgeschichte.

---

50 1. Mose 4, 3–7.

Michelangelos kleines Zentralbild des Deckenzyklus mit der *Erschaffung Evas* fügt sich nicht nur in den prophetischen Charakter der Bildformulierungen ein, es berührt gleichzeitig die Problematik der Auserwählung Einzelner. Es darf nicht aus dem Blick verloren werden, dass an diesem Ort, der Sixtinischen Kapelle, damals wie heute die Papstwahl nach dem Ableben des Vorgängers stattfindet.

6. Sündenfall und Vertreibung aus dem Paradies (Abb. 9)

Michelangelo fasst im folgenden großen Bildfeld zwei Ereignisse in einer vollkommen neuartigen Bildformulierung zusammen: *Sündenfall* und *Vertreibung aus dem Paradies*. Verklammert werden beide Szenen durch den die Mittelsenkrechte bildenden mächtigen, vom Schlangenleib umwundenen Baum der Erkenntnis, der nach links seinen kräftigen, üppig belaubten Ast über der Darstellung des *Sündenfalls* ausbreitet. Dieser Ast wird von Arm und Blick der sich mit weiblichem Oberkörper zu dieser Seite wendenden Schlange gekreuzt.

Entgegen jeglicher Bildtradition gruppiert Michelangelo Adam und Eva gemeinsam links vom Baum der Erkenntnis ein. Michelangelo arbeitet hier wieder mit dem Motiv des Wechsels von Anspannung und Entspannung in der Körpersprache. War zuvor in der *Erschaffung Adams* die Schlaffheit im muskulösen Körper Adams im Gegensatz zum kräftigen Empordrängen Evas in der *Erschaffung Evas* aufgefallen, hockt hier Eva entspannt auf dem Boden, wendet sich wie angelegentlich zurück und nimmt mit beinahe gelangweiltem Gesichtsausdruck die ihr von der Schlange gereichte Frucht entgegen. Nichts ist zu spüren von Begierde. Sie scheint auszuführen, was ihr zugedacht und vorherbestimmt ist.

Adam hingegen ist hier der aktive Teil. Er ist von seinem Felssitz aufgesprungen und greift mit beiden Händen in den Baum der Erkenntnis, um selbst eine Frucht zu pflücken. Das ist das Überraschende: Bei Michelangelo versucht die Schlange nicht Eva. Sie reicht ihr zwar die Frucht, ihr Blick ist jedoch erwartungsvoll auf Adam gerichtet. Und er hat sich entschieden – aus freiem Willen – zur Übertretung des noch vor der Erschaffung Evas an ihn gerichteten Gebotes Gottes, nicht vom Baum der Erkenntnis zu essen.[51] Die Verführung durch Eva findet bei Michelangelo nicht statt. Der Verantwortliche in dieser Bildformulierung ist Adam.

In diesem entscheidenden Punkt entfernt Michelangelo sich sowohl vom Bericht der Genesis als auch von jeglicher Bildtradition und schließt sich eng an den Römerbrief 5,14 an: „Dennoch herrschte der Tod von Adam an bis Mose auch über die, die nicht gesündigt hatten durch die gleiche Übertretung wie Adam, welcher ist ein Bild dessen, der kommen sollte." Mit dieser betonten Insbildsetzung des Ungehorsams des ersten Menschen wird gedanklich an den Wandzyklus des 15. Jahrhunderts angeschlossen, der – außer der Problematik des Auserwähltseins und der Berufung – die Gesetzgebung und die Beachtung der Gesetze und damit die Frage des Gehorsams thematisiert.

Die immer wieder beobachtete Veränderung der Körper der beiden ersten Menschen in der *Vertreibung aus dem Paradies* hat – im Vergleich zum vollkommenen Körper in der Erschaffungsszene – für Adam bereits hier stattgefunden. Eva hingegen, und das ebenfalls im Gegensatz zur Erschaf-

---

51 1. Mose 2, 16–17.

fungsszene, ist mit deutlich ausgeprägten weiblichen Körperformen ausgesprochen verführerisch dargestellt.

Und noch etwas ist unbedingt zu beachten: der hinter Eva herausragende, wie aus ihr herauswachsende abgestorbene Baumstumpf, dessen zweigeteilte kahle Astgabel sich überdeutlich direkt im Mittelpunkt des unter den ausgestreckten Armen entstandenen Freiraums vor dem hellen Hintergrund abzeichnet. Dieses Symbol des Todes, vorhanden im Paradies, in dem es den Tod noch nicht gab, weist unmissverständlich in die Zukunft und wird allgemein als Hinweis auf den Kreuzestod Christi verstanden. Ebenfalls in die Zukunft deutet die Figurenanordnung Adams und Evas. Eva, die erst zum Zeitpunkt der Vertreibung aus dem Paradies zur Untertanin des Mannes bestimmt wurde, wird bereits hier dem Manne untergeordnet gezeigt, in einer Haltung, die jedoch unübersehbar die enge Zusammengehörigkeit betont. Die linke Seite dieses Freskos reiht sich damit ein in den durchgehend prophetischen Charakter der vorangehenden Deckenfresken.

In der rechten Bildhälfte, der *Vertreibung aus dem Paradies*, ist der sich in der linken Bildhälfte vorbeugende Oberkörper der Schlange ersetzt durch den hinter dem Stamm des Baumes der Erkenntnis hervorkommenden Vertreibungsengel. Dem in die linke Bildhälfte hineinragenden Ast entspricht auf der rechten Seite der durch das Schwert verlängerte Arm des Vertreibungsengels. Über dem Arm des Engels ragt vom oberen Bildrand her ein aus einer Umhüllung hervorquellendes Büschel von Eichenlaub, angereichert mit mächtigen Eicheln, in das Bildfeld hinein. Es ist ein Teil der von den *Ignudi* gehaltenen und allgemein als Symbol des Familienwappens der Della Rovere, der Familie Julius II., gedeuteten Girlande.

Das Motiv der Zusammengehörigkeit der beiden ersten Menschen bestimmt ebenfalls die Figurenanordnung in der

Darstellung der *Vertreibung*. Adam hat beide Arme abwehrend dem Vertreibungsengel entgegengestreckt. Eva duckt sich schutzsuchend hinter Adam. Die Arme hält sie vor dem Oberkörper verschränkt und blickt mit hässlich verzerrtem Gesicht angsterfüllt zurück. Beide verlassen mit weit ausholenden Schritten den Bildraum auf eintöniger, sich wie endlos erstreckender Ebene.

Das Auffälligste an dieser Bildformulierung ist die Tatsache, dass Michelangelo Adam und Eva in der *Vertreibung aus dem Paradies* nackt darstellt – ohne den zu diesem Zeitpunkt unbedingt zu erwartenden Lendenschurz. Die Bibel berichtet, dass Gott selbst den Menschen Röcke aus Fellen machte und sie ihnen anzog, weil sie sich ihrer Nacktheit nach dem Essen vom Baum der Erkenntnis schämten.[52]

Michelangelo kannte seine Bibel. Wenn er sich hier in so klarer Weise vom Text löst, muss man davon ausgehen, dass es sich bei dieser Abweichung um einen wichtigen Bestandteil der beabsichtigten Aussage handelt.

Zurückblickend war in den vorangehenden Fresken die Darstellung des nackten menschlichen Körpers zwar vom Text her gerechtfertigt, die Art, wie sie in der *Erschaffung Adams* und bei der Gestaltung Adams im *Sündenfall* bis ins Detail gezeigt wird, jedoch beinahe etwas befremdlich. In den folgenden drei Fresken mit Szenen aus dem Leben Noahs wird uns dieses Motiv wieder begegnen und seine inhaltliche Begründung finden.

---

52 1. Mose 3, 21.

7. Das Dankopfer Noahs (Abb.10)

Die Deutung dieser Opferszene vor der Darstellung der *Sintflut* hat bereits zu Lebzeiten Michelangelos erhebliche Probleme bereitet und zu Verwirrung auch unter späteren Interpreten geführt. Kaum nachvollziehbar erscheint uns heute die Deutung als *Opfer Kains und Abels*, die sich weder im dargestellten Bildinhalt noch in der Figurenanzahl begründen lässt. Einig ist man sich heute darüber, dass es sich um ein Opfer Noahs im Kreise seiner Familie handelt. Auf geteilte Meinung stößt man hinsichtlich des für die Darstellung dieser Opferszene gewählten Zeitpunktes. Während die eine Forschergruppe ein Opfer Noahs vor der Sintflut annimmt, das Noah und seine Familie vor der Sintflut als die Gerechten vor Gott ausweist, sieht eine andere Meinung hier die chronologische Abfolge im Noah-Bericht durchbrochen und das Dankopfer Noahs, das bekanntlich nach der Sintflut stattfand, der Sintflut vorgeschaltet.

Die Bibel berichtet jedoch weder von einem Opfer Noahs vor der Sintflut noch von der Gerechtigkeit seiner Familienangehörigen. Für eine Wahrung der chronologischen Abfolge zwecks Insbildsetzung von Noahs Gerechtigkeit wäre es weitaus überzeugender gewesen, die drei Noah-Themen mit dem Bau der Arche beginnen zu lassen. Im entsprechenden Bibeltext[53] wird Noah als der von Gott als gerecht Befundene bezeichnet, den er nicht nur zu retten entschlossen war, sondern mit dem er darüber hinaus einen Bund aufrichten wollte. Eingeschlossen in dieses Rettungsvorhaben waren die Angehörigen Noahs.

---

53 1. Mose 6, 5–22.

Wenn Michelangelo an dieser Stelle so auffallend die Chronologie durchbricht, um vor die Darstellung der Sintflut die Dankopferszene zu setzen, so muss mit der Wahl dieses Themas eine für das Gesamtverständnis außerordentlich wichtige Aussage verbunden sein. Die Bildformulierung betont zweifellos die von den Interpreten gesehene Einbindung der Söhne und Schwiegertöchter Noahs in diese Opferhandlung. Sie erinnert damit aber auch gleichzeitig unüberhörbar an die mit diesem Ereignis verbundene Segnung aller Erretteten: „Und Gott segnete Noah und seine Söhne und sprach: „Seid fruchtbar und mehret euch und erfüllet die Erde ...“ Und Gott sagte zu Noah und seinen Söhnen mit ihm: „Siehe, ich richte mit euch einen Bund auf und mit eurem Samen nach euch“[54]. Sowohl der Segen Gottes als auch der Bund umfasst Noah und alle seine Söhne und deren Nachkommenschaft. Die inhaltliche Tragweite dieser Tatsache wird erst voll verständlich, sieht man den engen Zusammenhang mit dem durch den Anblick des nackten menschlichen Körpers ausgelösten Fluch Noahs über die Nachkommenschaft seines Sohnes Ham, der dem letzten Deckenfresko, der *Trunkenheit Noahs*, innewohnt und durch den ein Teil der Menschheit vom Segen ausgeschlossen wird.

Dieses Ereignis ist in Michelangelos *Dankopfer Noahs* bereits angedeutet – wie auch in den vorangegangenen Fresken Hinweise auf die zukünftige Entwicklung enthalten waren.

Die Forschung hat erkannt, dass die Gestik der Schwiegertochter rechts neben Noah, die ein Holzscheit in die Flamme des Altars hält, auf die Althea-Figur des Meleager-Sarkophags in Rom, Villa Albani, zurückzuführen ist. Im Mythos hatte das Verbrennen des Holzscheites eine magi-

---

54 1. Mose 9,1,8–9.

sche Kraft über das Leben von Meleager. Mit der Aufnahme des Motivs fließt dieser Gedanke auch in die Darstellungen an der Decke der Sixtina ein. Die Wiederholung des Motivs eines angezündeten Holzscheites bei einer der Begleitfiguren der dieses Fresko flankierenden Sibylle, der Erythraea, bestätigt die Wichtigkeit dieses Symbols. Bei der Erythraea soll es sich nach der Überlieferung um eine der Schwiegertöchter Noahs handeln. Das würde nicht nur ihre Anordnung neben diesem Fresko erklären, sondern gleichzeitig einen gedanklichen Zusammenhang sowohl mit dem Thema „Prophetie" als auch mit der aus diesen Menschen hervorgehenden Geschlechterfolge herstellen.

Werfen wir noch einen Blick auf die Figurenanordnung: Noah – anstatt dankbar und glücklich Augen und Hände zum Himmel zu erheben – wirkt bedrückt und müde mit seinem auf den Altar gesenkten Blick, der die geschlossenen Lider aus der Darstellung der *Trunkenheit Noahs* vorwegnimmt. Noah wird bereits hier zu einer tragischen Figur, die mit mahnender Geste gen Himmel weist.

Von der Forschung wurde eine gewisse Ähnlichkeit zwischen den Gesichtszügen der Frau Noahs und denen der Cumäischen Sibylle erkannt. Doch während die Cumäa mit größter Zurückhaltung und Nachdenklichkeit in ihr Buch starrt, spricht aus der Physiognomie der Frau Noahs etwas Hellwaches, auffällig Bösartiges, nahezu Dämonisches, das in keiner Weise in den Zusammenhang mit der Beteiligung an einer heiligen Handlung eingeordnet werden kann. Der bereits aufgetauchte Gedanke an ein nicht nur optisches Einfließen der Meleager-Symbolik wird erhärtet und ruft den Gedanken an eine der Moiren wach, womit wiederum ein Hinweis auf die Bestimmungsabhängigkeit der Nachkommen gegeben ist.

Die rechts der Frau Noahs sich zum Bildvordergrund bewegende Schwiegertochter trägt ein großes Bündel Holz herbei, das sofort die Erinnerung an die abgesägten Äste des Baumes in der Darstellung der *Erschaffung Evas* wachruft. In Verbindung mit der Meleager-Überlieferung ergibt sich ein Hinweis auf die von Anbeginn beschnittenen Lebensmöglichkeiten der vom Fluch Noahs betroffenen Nachkommen seines Sohnes Ham, denen schon vor ihrer Geburt das dunkle Los zugefallen war.

Die Tatsache, dass Michelangelo anstelle des traditionell zu erwartenden Baus der Arche die Darstellung des *Dankopfers Noahs* wählte, erklärt sich aus dem hohen Symbolgehalt dieses zunächst lediglich an klassische Reliefdarstellungen erinnernden Freskos.

8. Die Sintflut (Abb.11)

Auch in dieser Darstellung hat Michelangelo die biblische Schilderung nur zum Teil übernommen und das Los der zur Vernichtung Bestimmten auffällig in den Vordergrund gestellt. Menschen mit dumpfem Gesichtsausdruck versuchen, sich und den Rest ihrer Habe in Sicherheit zu bringen, während andere mit äußerster Kraftanstrengung einen Menschen tragen, um ihn zu bergen. Wieder andere, die sich in dem schwimmenden Nachen bereits in Sicherheit wiegten, schlagen auf die sich Anklammernden ein, um das eigene Leben nicht zu gefährden. Gezeigt ist eine Mutter mit vor Entsetzen und Anstrengung starrem Gesicht, mit beiden Armen ihr friedlich lächelndes Kleinkind umschließend, während ein zweites nichts ahnend und vertrauensvoll das kräftige Bein der Mutter umschlingt und sich anschmiegt. Im Vordergrund liegt eine andere Mutter. Unter ihrem etwas angewinkelten rechten Bein ragt, wie symbolisch ebenfalls in diese Bildformulierung aufgenommen, der Rest eines abgesägten Baumstammes hervor. Sie hat den Kampf resigniert aufgegeben. Und hinter ihr steht ihr weinendes Kleinkind.

Hinter diesem weinenden Kind wird noch eine dritte Gruppe mit einem kleinen Kind sichtbar. Der sie begleitende Esel wird vom Bildrand überschnitten und von dem alten Mann, der das Kind anscheinend trägt, ist nur das bärtige, ruhige Antlitz sichtbar. Sein gesenkter Blick ist auf die vor ihm stehende, wie Hilfe suchend zu ihm aufschauende junge Frau gerichtet. Sein Kopf ist zusammen mit dem des kleinen Kindes in ein schützendes Tuch gehüllt. Dieses Kind legt seine beiden nackten Arme wie schützend um den Kopf der vor ihnen stehenden Frau und ist damit beschäftigt, auch deren Kopf mit einem Tuch zu umwinden. Dank der Reinigung der Fresken und der hervorragenden Publikationen[55] wird erst jetzt erkennbar, dass dieses kleine Kind fröhlich und beinahe schelmisch aus dem Bild heraus auf den Betrachter blickt.

Diese Gruppe erinnert lebhaft an Michelangelos Bildformulierung im Doni-Tondo, und man ist versucht, darin eine Anspielung auf die Flucht der Heiligen Familie nach Ägypten zu erkennen.

In der rechten Bildhälfte versucht eine Gruppe von Menschen auf einem aus dem Wasser herausragenden kahlen Felsplateau sich und ihre Nächsten in Sicherheit zu bringen. Im Hintergrund drängen sich die Menschen unter einer zum Schutz aufgespannten Plane, deren rechtes Ende zur Befestigung um den Stamm eines abgesägten Baumes geschlungen wurde. Während alle anderen sich um die Rettung der Mitmenschen in unterschiedlichsten Aktionen bemühen, liegt im Vordergrund auf dem kahlen Felsgrund apa-

---

55 Abb. in: Pierluigi de Vecchi, Die Sixtinische Kapelle, S. 124.

thisch ein nackter Jüngling, aufgestützt auf ein von einem Tuch umwundenes Fass – vermutlich ein Weinfass – und sieht mit leerem Blick aus dem Bild heraus. Die Aufnahme eines Weinfasses in diese Bildformulierung lässt sofort den Gedanken an das Weinfass in der *Trunkenheit Noahs* wach werden und sicherlich nicht zufällig erscheint auch hier das Motiv des Einhüllens, das die Gestaltung der Eichengirlande im Deckenfresko bestimmt, auf das in der *Vertreibung aus dem Paradies* so auffällig verzichtet wurde, das aber vor allem inhaltlich entscheidendes Motiv in der *Trunkenheit Noahs* ist.

Im Bildhintergrund schwimmt die Arche – das Symbol der Kirche. Auch auf ihrem äußeren Rand versuchen Menschen sich in Sicherheit zu bringen. Und an der rechten Ecke der Arche holt ein Mann mit erhobener Axt zum tödlichen Schlag auf eine ältere Frau aus, die gerade von einem Jüngling an Bord gezogen werden sollte. Direkt über dieser Szene neigt Noah sich weit aus einem Seitenfenster heraus und scheint mit erhobenem Arm den Himmel um Hilfe anzurufen.

9. Die Trunkenheit Noahs (Abb. 12)

Mit der *Trunkenheit Noahs* lässt Michelangelo die Fresken des Deckenspiegels enden. Ein Vergleich der Bildformulierung Michelangelos mit den Darstellungen des gleichen Themas durch andere Künstler verdeutlicht sofort den gedanklichen Abstand der Szenen (z. B. Berhardino Luini, Die Trunkenheit Noahs, Mailand, Real Pinacoteca di Brera; oder Andrea Sacchi, Die Trunkenheit Noahs, Berlin, Kaiser-Friedrich-Museum.).

Nichts wird bei Michelangelo spürbar von dem Verspotten oder der Schande. In der Körperhaltung des alten, in seiner Trunkenheit zusammengesunkenen Noah finden wir in seiner Hinfälligkeit den Nachhall und die Erinnerung an den zwar vollendet schönen, die menschliche Schwachheit jedoch bereits ahnen lassenden Körper Adams aus der Schöpfungsdarstellung des vierten Deckenfreskos, der dort dem so auffallend sparsam bekleideten Schöpfergott gegenübergestellt wird, wodurch zweifelsfrei verdeutlicht werden soll, was die Schrift sagt: „Und Gott schuf den Menschen ihm zum Bilde, zum Bilde Gottes schuf er ihn ..."[56].

Auf diese uneingeschränkte Ebenbildlichkeit hatte Michelangelo bereits im zweiten Deckenfresko hingewiesen, indem er dem Betrachter den mit ausgestreckter Hand die Natur schaffenden Schöpfergott in Rückenansicht mit überdeutlich ausgeprägten rückwärtigen Körperformen zeigt. In der *Vertreibung aus dem Paradies* verlassen Adam und Eva ohne den zu diesem Zeitpunkt obligaten Lendenschurz das Paradies, und im *Dankopfer Noahs* wird bei den Söhnen ebenfalls auf entsprechend bedeckende Kleidungsstücke verzichtet. Nicht nur die *Ignudi* zeigen sich in voller körperlicher Schönheit, selbst bei der Darstellung des Haman hat Michelangelo auf einen verhüllenden Lendenschurz verzichtet.

Im biblischen Bericht über die Trunkenheit Noahs heißt es: „Die Söhne Noahs, die aus der Arche gingen, sind diese: Sem, Ham und Japhet. Ham aber ist der Vater Kanaans. Das sind die drei Söhne Noahs; von ihnen kommen her alle Menschen auf Erden. Noah aber, der Ackermann, pflanzte als erster einen Weinberg. Und da er von dem Wein trank, ward er trunken und lag im Zelt aufgedeckt. Als nun Ham, Kanaans Vater, seines Vaters Blöße sah, sagte er's seinen Brüdern draußen. Da nahmen Sem und Jafet ein Kleid und

---

56 1. Mose, 1, 27.

legten es auf ihrer beider Schultern und gingen rückwärts hinzu und decken ihres Vaters Blöße zu; und ihr Angesicht war abgewandt, damit sie ihres Vaters Blöße nicht sähen."[57]

Dieser Moment wurde von Lorenzo Ghiberti in den Jahren zwischen 1430 und 1437 auf der Paradiestür des Baptisteriums von Florenz bildlich dargestellt und war Michelangelo mit Sicherheit bekannt: Noah trunken in seiner von Weinreben umrankten Hütte vor seinem großen Weinfass liegend, während Ham draußen seinen Brüdern von dem Vorkommnis berichtet. Diese nähern sich rückwärts gehend mit einem Kleidungsstück auf den Schultern ihrem Vater, um ihn mit abgewandtem Gesicht zu bedecken. Dort handelt es sich um eine reine Darstellung des biblischen Berichtes, aber auch hier ist nichts von Spott zu spüren, den ebenfalls der Bibeltext nicht klar in Worte gefasst zum Ausdruck bringt.

Doch der Text bricht keinesfalls an dieser Stelle ab, sondern berichtet in den anschließenden Versen von den für die gesamte Menschheit folgenschweren Auswirkungen dieses Ereignisses: „Als nun Noah erwachte von seinem Rausch und erfuhr, was ihm sein jüngster Sohn angetan hatte, sprach er: „Verflucht sei Kanaan und sei seinen Brüdern ein Knecht aller Knechte! Und sprach weiter:

Gelobt sei der Herr, der Gott Sems; und Kanaan sei sein Knecht! Gott breite Jafet aus und lasse ihn wohnen in den Zelten Sems, und Kanaan sei sein Knecht!"[58]

Die alles überschattende Aussage dieser Verse ist der Fluch Noahs. Und dieser Fluch traf nicht seinen Sohn Ham direkt, obgleich dieser den Vater in seiner Unbedecktheit gesehen hatte, sondern den an diesem Geschehen völlig un-

---

57 1. Mose, 9, 18–23.
58 1. Mose, 9, 24-27.

beteiligten Kanaan, den Sohn Hams. Die Bedeutsamkeit dieser Tatsache kündigte sich für den aufmerksamen Leser bereits in Vers 18 an, in dem Ham schon beim Verlassen der Arche – zu einem Zeitpunkt also, als sein Sohn Kanaan noch nicht geboren war – als Vater Kanaans bezeichnet wird. Hier wird die zentrale Thematik fassbar: Vorherbestimmung und das Zufallen des Loses der Knechtschaft an die gesamte Nachkommenschaft des einen Sohnes.

Als Nachkommen Hams werden in der Bibel mehrfach die Ägypter bezeichnet[59], die im unteren Wandzyklus im *Zug durch das Rote Meer* zum Verderben vorherbestimmt und dem auserwählten Volk der Israeliten gegenübergestellt werden. Hier wird der Punkt fassbar, an dem Michelangelo an die Thematik des unteren Wandzyklus anschließt.

Die Bildformulierung der *Trunkenheit Noahs* bringt das Denken Michelangelos zum Ausdruck. Er scheint nicht bereit zu sein, im Betrachten des menschlichen Körpers, der von ihm in seiner Ganzheit als Abbild göttlicher Schönheit verstanden wird, die Ursache der Verdammung zur Knechtschaft zu akzeptieren. Wieder stellt er die drei Söhne Noahs mit völlig unbedecktem Schoß und nur von wehenden, durchsichtigen Gewandteilen begleitet dar, und der dem Vater am nächsten stehende Sohn ist im Begriff, mit abgewandtem Gesicht Noah einen vollkommen durchsichtigen Schleier nicht über seinen Körper – wie zu erwarten sein müsste –, sondern über seinen Kopf zu ziehen.

Nichts erscheint von dem, was der Text berichtet. Die Funktion des Bedeckens übernimmt nur der hintere Sohn mit abgewandtem Angesicht, während der vordere sich zum mittleren Bruder umwendet, der geradeaus – und keinesfalls auf die Blöße seines Vaters blickt. Mit seinem linken

---

59 Psalm 78,51; 105,27; 106,22.

Arm umfasst er seinen Bruder und bringt damit eine enge Verbundenheit zum Ausdruck. Es bereitet Schwierigkeiten, ihre ausgestreckten Arme dem richtigen Körper zuzuordnen, von denen der obere waagerecht sich dem bedeckenden Arm des in Frontansicht gezeigten Bruders anzuschließen scheint, der gerade den Schleier über den Kopf des Vaters legt, während der untere nicht – wie in der Literatur immer wieder erwähnt – auf die Blöße des Vaters deutet, sondern mit abgewandtem Gesicht unübersehbar deutlich auf dessen Kopf weist, als wolle er den Verantwortlichen bezeichnen.

Zweifellos sollte in der Haltung der drei Brüder ihre Zusammengehörigkeit zum Ausdruck gebracht werden, ein Motiv, das im Deckenzyklus wiederholt anklingt – erinnert sei an Adam und Eva in *Sündenfall und Vertreibung* sowie an die Figurenanordnung im *Dankopfer Noahs*. Es taucht gleichfalls auf in der Haltung der Begleitfiguren der Propheten sowie der Putten des Gebälks, wo es in Trennung und harmonischer Vereinigung immer wieder zu entdecken ist.

In Michelangelos *Trunkenheit Noahs* erscheint Noah noch ein zweites Mal. Links neben dem großen Weinfass geht der Blick ins Freie. Dort bearbeitet Noah den kahlen Boden. In auffälliger Abweichung von der Bildtradition fehlt hier jegliche Andeutung von Weinranken. Nur das riesige Weinfass und Noahs Zustand zeugen von dem reichen Segen, den die Natur ihm bescherte. Dieses Bild führt zurück an die Anfänge, an die Vertreibung aus dem Paradies und die Anordnung, den Boden zu bearbeiten. Wichtig in diesem Zusammenhang ist, dass auch der Bibeltext hier einen Fluch enthält: „Verflucht sei der Acker um deinetwillen (Adams)! Mit Mühsal sollst du dich von ihm nähren dein Leben lang."[60]

---

60 1. Mose 3,17.

Fluch und Segen berühren sich hier unmittelbar, da nur durch den ausdrücklichen Segen Gottes nach der Sintflut Noah in die Lage versetzt wurde, von dem nach der Flut kahlen Acker ernten zu können. Fluch und Segen Noahs aber lasten auf den folgenden Generationen und bestimmen einen Teil zu Knechten der anderen. Die im ersten Fresko angedeutete Teilung in Hell und Dunkel ist eingetreten. Durch diese Scheidung kommt aufgrund der menschlichen Natur zwangsläufig Streit in die Welt und führt zu Kampf und Sieg der mit einem glücklichen Los Bedachten. Ein Fluch jedoch lässt sich nach biblischem Verständnis einzig dadurch neutralisieren, dass ein ebenso starker Segen – möglichst ein Gottessegen – hinterhergesandt wird. Das Lesen der von Michelangelo benutzten Zeichensprache wird zeigen, dass das Ringen um diesen Segen Ziel und Zweck seiner fast übermenschlichen Bemühungen war.

Dieser Gedanke und die Feststellung, dass Michelangelo gerade in diesem entscheidenden Fresko die Unterscheidung der Brüder nicht ins Bild gesetzt hat, sondern hier durch enge Verklammerung der Körper den unbedingten Eindruck von Gemeinsamkeit und Zusammengehörigkeit übermittelt, als wolle er sich mit allen ihm zur Verfügung stehenden Kräften gegen die Akzeptanz einer vorherbestimmten Trennung wehren, ist von entscheidender Wichtigkeit. An diesem Punkt weichen die im Bild sichtbar werdenden Gedanken Michelangelos entschieden von der geläufigen Deutung der Person des Ham als Manifestation des Bösen ab, dessen Nachkommen als Angehörige des Weltlichen den Angehörigen des Gottesstaates entgegenstehen.

Aufschlussreich ist ein Brief Michelangelos, den er am 5. September 1510 an seinen Vater schrieb, als er von der Erkrankung seines Bruders Buonarroto erfuhr: „Beunruhigt Euch nicht, denn Gott hat uns nicht dazu geschaffen, dass wir uns gegenseitig im Stich lassen."[61] – Worte, die ihren inhaltlichen Niederschlag in der Darstellung dieser ersten Brüder nach der Sintflut gefunden haben.

Schon früh bemerkt worden ist eine entscheidende Vorliebe Michelangelos für die Arme als Werkzeug des Ausdrucks, hinter die angeblich die Hand- und Fingersprache wie auch das Mienenspiel zurückgetreten sei.[62] Es kann kein Zweifel daran sein, dass die Arme in den Bildformulierungen Michelangelos eine außerordentliche Rolle spielen; jedoch keinesfalls von geringerer Aussagefähigkeit ist sowohl Mimik als auch Gestik und nicht zuletzt die Körpersprache. Die Beachtung des in sie hineingelegten Ausdrucks ist unerlässliche Voraussetzung für einen Versuch, sich der Gedankenwelt Michelangelos zu nähern.

61 Linda Murray, Michelangelo, Klett-Cotta 1985, S. 62.
62 Carl Justi, Michelangelo, Beiträge zur Erklärung der Werke und des Menschen, Berlin 1922, S. 47.

Propheten und Sibyllen

Die gewaltigen Körper von sieben Propheten und fünf Sibyllen beherrschen optisch die Gesamtgestaltung des Deckengewölbes (**Abb. 1**). Ihre kraft- und lebensvollen Erscheinungen lassen die Darstellungen des Deckenspiegels zu Hintergrundgeschehen werden, zur Grundlage für alles Zukünftige, von dem diese mit besonderer Gabe ausgestatteten Seher Kunde geben können. Ihr Mienenspiel bringt Bedrücktheit und – abgesehen von Jonas – Zurückhaltung und Indifferenz zum Ausdruck. In keinem von Ihnen wird auch nur ein Funke von der frohen Botschaft – der Ankündigung Christi – spürbar, die man als inhaltliche Aussage an diesem Ort erwarten dürfte.

Propheten und Sibyllen ist jedoch nicht nur die Ankündigung Christi gemeinsam, sie sind zunächst einmal ihrem Wesen und ihrer besonderen Berufung und Begabung nach in der Lage, Zukünftiges zu sehen oder übermittelt zu bekommen und dieses Wissen an die Menschen weiterzuleiten. Mit der Aufnahme von fünf Sibyllen im Wechsel mit fünf Propheten an den Längsseiten der Sixtinischen Kapelle werden die für den heidnischen Bereich zuständigen Seherinnen den Propheten des auserwählten Volkes an die Seite gestellt – zweifellos zu verstehen als gemeinsame Eingebundenheit aller Menschen in den göttlichen Plan. Gleichzeitig wird damit eng an das letzte Fresko des Deckenspiegels angeschlossen, *Die Trunkenheit Noahs,* in der Michelangelo nicht das Sündhafte des einen Sohnes herausstellte, sondern durch ihre enge körperliche Verbundenheit vielmehr ihren gemeinsamen Ursprung betonte. Die zusätzliche Besetzung der Mitte über der Eingangs- und der Altarwand durch Propheten lässt deren besondere Bedeutung erahnen.

Eingangswand: Der Prophet Zacharias (Sacharja)(Abb. 13)

Lässt man sich zunächst vom rein optischen Eindruck leiten, so muss auffallen, dass das Motiv der brüderlichen Umarmung der drei Söhne Noahs im letzten Deckenfresko bei den beiden Begleitfiguren des Propheten Zacharias wieder aufgenommen worden ist. Zacharias liest keineswegs aufmerksam in seinem Buch, sondern hat den Buchrücken mit der linken Hand fest umfasst, während er mit der rechten die Seiten des fast zugeschlagenen Folianten an seinem nachdenklichen Blick vorbei gleiten lässt. Zu spüren ist sowohl der Ernst der Botschaft, die der Prophet zu verkünden haben könnte, als auch die Harmonie in der Haltung der beiden kleinen Begleitfiguren.

Die im Deckenzyklus fassbar werdende betonte Gemeinsamkeit der Menschen, die Wiederholung dieses Motivs in den Begleitfiguren von Zacharias und – im Gegensatz dazu – der verhaltene Gesichtsausdruck des Propheten verhindern nicht nur den Gedanken an das Verkündigen einer frohen Botschaft, die in Seitenansicht gegebene, verschlossene Gestalt des Propheten lenkt die Gedanken vielmehr in umgekehrte Richtung. Mienenspiel und Körpersprache deuten eher darauf hin, dass er – von der Schwere seines Wissens bedrückt – dieses überlegend zurückhält und blätternd in seinem Buch nach einem Ausweg sucht.

Hier, beim ersten Propheten über dem Eingang, bahnt sich zunächst sehr verhalten etwas an, das in der Darstellung der Propheten und Sibyllen der Längswände – hat man erst einmal den Blick für diese Zwischentöne geschärft – in unterschiedlicher, sich jedoch in Richtung auf den Altar hin steigender Intensität wahrnehmen lässt.

Mit Blickrichtung auf die Altarwand schließen sich auf den Längswänden Sibyllen und Propheten im Wechsel auf ihren großen, gemalten Thronen zwischen den Stichkappen an.

1. Thron rechts: Die Delphische Sibylle (Abb. 14)

Die Delphica – an der Nordwand – ist im Begriff, ihre Schriftrolle sinken zu lassen. Ihre rechte Hand liegt kraftlos auf dem Knie und hält das untere Ende der Schriftrolle. Mit zurück gewandtem Kopf, weit aufgerissenen Augen und leicht geöffneten Lippen scheint sie auf eine neue, eine gute Botschaft zu warten. Zwischen ihre beiden kleinen Begleiter hat sich trennend das von dem hell angestrahlten Knaben gehaltene Buch geschoben. Von dem Zweiten sieht man nur das dunkle, hinter dem Buch hervor auf seinen lesenden Kameraden blickende Gesicht und eine übergroß geratene Hand, die das Buch stützt, als sollte sowohl seine Bindung an das Buch als auch an seinen Begleiter zum Ausdruck gebracht werden.

2. Thron rechts: Der Prophet Jesaja (Abb. 15)

Neben der Delphica thront an der Nordwand der große Prophet Jesaja. In der Forschung als Verkörperung von CONSILIUM (Rat) bezeichnet, erweckt er hier mit seiner gerunzelten Stirn den Eindruck, als fühle er sich gestört durch den Anruf des hinter ihm stehenden Knaben, der aufgeregt auf ein Ereignis außerhalb des Bildraumes weist. Nur ungern scheint Jesaja sich vom Text des Buches losgerissen zu haben, in dem noch ein Finger die Stelle markiert, als wolle er gleich wieder dem Wort Folge leisten: „Suchet nun in dem Buch des Herrn und lest! – Keines von ihnen wird fehlen. Denn sein Mund gebietet es, und sein Geist bringt sie zusammen. Er wirft ihnen das Los und seine Hand teilt aus unter sie mit der Messschnur, dass sie das Land besitzen auf ewige Zeiten und darin wohnen von Geschlecht zu Geschlecht."[63] Und „Ich habe von Anfang an verkündigt, was hernach kommen soll, und vorzeiten, was noch nicht geschehen ist. Ich sage: Was ich beschlossen habe, geschieht, und alles, was ich mir vorgenommen habe, das tue ich auch."[64]

3. Thron rechts: Die Cumäische Sibylle (Abb. 16)

Hier – neben der *Erschaffung Evas* – hat die aufs engste mit der Geschichte Roms verbundene Cumäa ihren Platz erhalten. Sie, deren Prophezeiungen im alten Rom von den Verantwortlichen zu Rate gezogen wurden und deren Worte der 4. Ekloge Vergils auf das Erscheinen Christi weisen – von ihr sagt der Seher Helenus in Vergils Aeneis, dass sie menschliches Schicksal voraussagt.[65] Doch in Michelangelos Bildformulierung erscheint die Sibylle beinahe ratlos. Sie starrt in das geöffnete Buch, und das, was sie dort erblickt, erfüllt sie offensichtlich nicht mit der Bereitschaft, die dort zu findende Botschaft freudig zu verkünden. Die Lippen wie zum Sprechen geöffnet, scheint sie zu zögern, ihr Wissen den beiden hinter ihr wartenden Kleinen zu übermitteln.

In der Forschung wurde sie als ALMA MATER – als nährende Mutter – empfunden, da diese gigantische Sibylle im Gegensatz zu allen anderen mit gewaltigen Brüsten ausgestattet ist. Als Bestätigung dieser Interpretation wird die Tatsache angesehen, dass das Motiv der nährenden Mütter bei Michelangelo in der Genealogie Chris-

---

63 Jesaja 34,16–17.
64 Jesaja 46,10.
65 Vergil, Aeneis, III, 441–444.

ti allein in den unter der Cumäa befindlichen Lünetten wieder auftaucht.[66]

Michelangelo betont in seiner Bildformulierung die Mütterlichkeit dieser uralten, unglücklich in ihr Buch starrenden Sibylle und lässt sie zögern, den entscheidenden Schicksalsspruch zu verkünden. Hinter ihr stehen vereint die beiden Knaben. Wieder ist der Körper des einen, der mit beiden Händen ein Buch unter dem Arm trägt, voll vom Licht angestrahlt, während der andere, verschattet gestaltet, ihn mit beiden Armen umfasst. Der gemeinsame Blick in den Folianten lässt ihre Köpfe sich gegeneinander neigen und vermittelt den Eindruck von brüderlicher Eintracht und Harmonie.

4. Thron rechts: Der Prophet Daniel (Abb. 17)

Neben der Cumäa sitzt der Prophet Daniel. Zwischen seinen gespreizten Beinen stützt die eine der kleinen Begleitfiguren mit seinem nackten, deutlich als männlich zu erkennen gegebenen Körper das große Buch, über dessen oberen Rand Daniels linke Hand schwer herabhängt. Der zweite Kleine lugt, verhüllt wie ein Todesgenius, an dieser Seite hinter Daniels Schulter hervor. Der Prophet hat sich nach rechts gewandt und seine Hand zum Schreiben auf einer kleinen Tafel aufgesetzt. Auch hier ist wieder ein Zwischenstadium gezeigt. Der Blick geht weder direkt auf die Tafel noch auf das Buch. Die gesenkten Lider und der konzentrierte Gesichtsausdruck vermitteln den Eindruck angespannten Wartens und Nach-Innen-Hörens.

---

66 Wind, Michelangelo's Prophets and Sibyls, S. 68.

5. Thron rechts: Die Libysche Sibylle (Abb. 18)

Die Beschäftigung mit dem Buch bestimmt ebenfalls die Bildformulierung der letzten Sibylle auf der Nordwand. Lebhaft diskutiert wurde in der Literatur die Frage, ob sie beabsichtige, ihr Buch wegzulegen oder es herunterzuholen. Auf jeden Fall hat sie ihren Blick vom Buch abgewandt, und in ihren Gesichtszügen ist beinahe etwas wie Resignation, vielleicht sogar leise Trauer zu spüren. Unter dem riesigen Folianten stehen die beiden Kleinen. Der Oberkörper des vorderen, hellen Kleinen ist vollkommen nackt, während sein Unterkörper eingehüllt wie bei einem Wickelkind erscheint. Unter seinem linken Arm trägt er eine Buchrolle und weist mit dem rechten eifrig auf die Sibylle und deren Tun. Dabei wendet er sich seinem hinter ihm stehenden, dicht an ihn geschmiegten, dunklen Gefährten zu. Die beiden unterschiedlichen kleinen Köpfe befinden sich auf einer Höhe. Alles zeigt eine zu erwartende Veränderung in der Haltung an. Offen bleibt, ob es ein Beenden oder ein Neubeginn sein könnte. Sowohl in dem halb bedeckten Körper des hellen Kleinen als auch in der auffällig nackten Schulterpartie der Sibylle und der Öffnung ihres Gewandes klingt das Thema des Betrachtens des unbedeckten menschlichen Körpers und damit die Noah-Problematik an.

1. Thron links: Der Prophet Joel (Abb. 19)
(von der Eingangswand aus in Richtung Altarwand)

Der Prophet Joel an der Südwand der Sixtina starrt auf seine geöffnete Schriftrolle. Sein Blick scheint an einer bestimmten Textstelle zu stutzen. Die momentane Anspannung seines Körpers und die im Winde flatternden Haare deuten auf seine innere Erregung. Diese Erregung hat ebenfalls die beiden Begleitfiguren erfasst, von denen die dunkler gehaltene traurig dem Propheten über die rechte Schulter hinweg in die Schriftrolle blickt, während der helle, kräftige Kleine auf der anderen Seite unter seinem linken Arm ein Buch trägt und mit ausgestreckten rechten Arm auf seinen kleinen Begleiter weist, als wollte er anzeigen, dass es ihn betreffen würde.

2. Thron links: Die Erythräische Sibylle (Abb. 20)

Schön und verschlossen scheint die Erythräa die Absicht zu haben, ihr Buch zu schließen oder eine nachfolgende Stelle zu suchen. Auf der linken Buchseite ist der große Anfangsbuchstabe Q zu erkennen. Versuche, diesen Buchstaben mit einer der bekannten Prophezeiungen der Erythräa in Verbindung zu bringen, haben bisher nicht zum Erfolg geführt. Erkannt wurde jedoch, dass es sich hierbei um den Anfangsbuchstaben von Jesaja 53 handeln könnte. Möglicherweise liegt darin ein Hinweis auf eine Inspiration ihrer Prophezeiung durch diesen zeitgenössischen Propheten.[67] Der Text von Jesaja 53 spricht von körperlicher Hässlichkeit, von Verachtung, Schmerzen und Krankheit und legt in seiner Gesamtaussage den Gedanken an eine Anspielung auf die persönliche Situation Michelangelos nahe. Die Begründung für die Anordnung der Erythräa neben dem *Dankopfer Noahs* wird durch die Tatsache erklärt, dass sie sich selbst als Schwiegertochter Noahs bezeichnete. Auf die Wiederaufnahme des Althea-Motivs im Anzünden des Holzscheites durch eine

---

67 Dotson, S. 414.

der Begleitfiguren wurde bereits bei der Besprechung des *Dankopfer Noahs* hingewiesen. Den „Betroffenen" symbolisiert auch hier die zweite kleine Gestalt, die vollkommen verschattet und sich die Augen reibend direkt unter der anzuzündenden Feuerschale auszumachen ist.

3. Thron links: Der Prophet Ezechiel (Abb. 21)

In der Mitte der Südwand und damit seitlich des Deckenfreskos mit der *Erschaffung Evas* sitzt der Prophet Ezechiel. Von der Forschung als Sinnbild der Stärke verstanden, scheint er in Michelangelos Bildformulierung direkt an den Propheten Jesaja an der Nordwand anzuschließen. Wie dieser steht auch Ezechiel in lebhaftem Dialog mit einer seiner Begleitfiguren, während von der zweiten lediglich der kleine, dunkle Kopf angsterfüllt und mit verschreckt in die Ferne starrenden Augen hinter der linken Schulter des Propheten sichtbar wird.

Die andere jugendliche Gestalt steht auf einem geschlossenen Buch und hält festen Blickkontakt mit Ezechiel. Verfolgt man den Zeigegestus dieser Begleitfigur, so weist die den rechten Arm überschneidende linke Hand – wie die Begleitfigur des Propheten Jesaja – auf das Deckenfresko *Sündenfall und Vertreibung.* Die rechte Hand dagegen zeigt eindeutig auf das Deckenfresko *Die Erschaffung Evas,* mit der der zweite Mensch ins Leben gerufen wurde. Und bei Michelangelo streckt sich Eva bittend und flehend ihrem Schöpfer entgegen.

Ezechiel hat nachdenklich seine Unterlippe vorgeschoben; in der linken Hand hält er achtlos seine halb entrollte Schriftrolle. Die Gebärde der offenen rechten Hand in Zusammenklang von Körpersprache und Physiognomie vermittelt trotz der kräftigen Gestalt keinesfalls den Eindruck von Stärke, sondern vielmehr den von Ratlosigkeit. Liest man das Buch Ezechiel unter dem Eindruck des im Deckenspiegel klar enthaltenen Gedankens der Vorherbestimmung eines Teiles der Menschheit auf Grund des Fluches Noahs zur Knechtschaft, so bieten sich zur Erklärung der Haltung des Propheten zwingend die in Kapitel 18 aufgezeichneten Worte an: „Und des Herrn Wort geschah zu mir: Was habt ihr unter euch im Lande Israel für ein Sprichwort: Die Väter haben saure Trauben gegessen, aber den Kindern sind die Zähne davon stumpf geworden? So wahr ich lebe, spricht Gott der Herr: Dies Sprichwort soll nicht mehr unter euch umgehen in Israel. Denn siehe, alle Menschen gehören mir; die Väter gehören mir so gut wie die Söhne; jeder, der sündigt, soll sterben… Denn nur wer sündigt, der soll sterben. Der Sohn soll nicht tragen die Schuld des Vaters und der Vater soll nicht tragen die Schuld des Sohnes, sondern die Gerechtigkeit des Gerechten soll ihm allein zugutekommen, und die Ungerechtigkeit des Ungerechten soll auf ihm allein liegen. Wenn sich aber der Gottlose bekehrt von allen seinen Sünden, die er getan hat, und hält alle meine Gesetze und übt Recht und Gerechtigkeit, so soll er am Leben bleiben und nicht sterben."

Erkennbar wird sofort der Bezug zur Problematik des letzten Deckenfreskos *Der Trunkenheit Noahs,* der Strafung Kanaans und seiner Nachkommen mit dem FluchNoahs wegen der Tat Hams, seines Vaters.

4. Thron links: Die Persische Sibylle (Abb. 22)

Die Persica ist bei Michelangelo uralt und scheint Schwierigkeiten bei der Entzifferung ihres Textes zu haben. Die Schwäche ihrer Sehkraft hat sie offensichtlich gezwungen, das Buch dicht an ihre Augen heranführen zu müssen. Nahezu abweisend zeigt sie sich dem Betrachter, dem sie durch Drehung ihres massigen, vollkommen verhüllten Körpers ihre linke Schulter entgegenstreckt. Der in ein weiß-grünes Tuch gehüllte Kopf wird scharf vom Licht angestrahlt, so dass das abgewendete Profil vollkommen dunkel erscheint. Der leicht geöffnete Mund zeichnet sich über dem kräftigen Kinn wie bei einem Scherenschnitt deutlich gegen den hellen Hintergrund ab. Jetzt, nach der Reinigung der Fresken und der Veröffentlichung der Großaufnahmen, ist auch gut zu erkennen, dass die Persica ihre Augenlider gesenkt hat.[68] Entweder ist sie gerade am Schluss der Lesung angekommen oder hat den Blick noch nicht auf den Beginn der Zeilen der vollgeschriebenen Seite des roten Buches gerichtet. Der Daumen ihrer rechten Hand verdeckt noch einen Teil der letzten Zeile. Dieses rote Buch mit seiner aufgeschlagenen, weißen, vollgeschriebenen Seite zeichnet sich vor dem hellen Hintergrund zwischen der Prophetin und den beiden Kleinen wie besonders betont ab. Auffällig ist auch, dass bei dieser „dunklen" persischen Sibylle die dunkle Begleitfigur kräftig gestaltet in den Vordergrund gerückt ist, während der helle Kleine nur vorsichtig seinem Vordermann über die Schulter blickt.

5. Thron links: Der Prophet Jeremias (Abb. 23)

Gramvoll in sich zusammengesunken stützt der Prophet Jeremias sein Haupt mit der rechten Hand, während die linke kraftlos in den Schoß gesunken ist. Aus ihm ist jegliche Span-

---

68 Die Sixtinische Kapelle, Verlagsgruppe Weltbild, Bd. II, Abb. S. 106/107.

nung und Aktivität gewichen. Die beiden auffälligerweise bekleideten Begleitfiguren sind hier offensichtlich Mädchen und wesentlich älter als in den vorangegangenen Bildformulierungen. Ein Wechsel hat ebenfalls in ihrer Gesamtdarstellung stattgefunden. Die helle Gestalt wendet hinter der rechten Schulter des Propheten trauernd, beinahe wie schuldbewusst den Kopf zur Seite, während die dunkle mit bedecktem Kopf hinter der linken Schulter von Jeremias, in klarem Profil gezeigt, wie erwartungsvoll auf ihr helles, sich abwendendes Gegenüber blickt. Der Prophet hat seine Schriftrolle fortgelegt. Sie entrollt sich links neben seinem Thron und wird zum Inhalt des sich aus Architekturgliedern bildenden Dreiecks. Die über ihr mit dem goldenen Baluster aufsteigende Senkrechte bindet sie ein in das architektonische Skelett des Deckengemäldes. Diese Schriftrolle weist eine seit langem gesehene Besonderheit auf: Auf ihr ist deutlich sichtbar der Schriftzug ALEV zu erkennen, der erste Buchstabe des hebräischen Alphabets; mit ihm beginnen Jeremias Klagelieder. Diese Anspielung lässt Jeremias hier, in unmittelbarer Nähe zum Altar, zum über den Verfall Jerusalems klagenden Propheten werden. Geht man gedanklich noch einen Schritt weiter, so lässt Michelangelo ihn hier an dieser Stelle zum klagenden Propheten nicht nur über den damaligen Zustand Roms, sondern der ganzen Welt werden. Die Klagelieder Jeremias enden im 5. Kapitel mit den Worten: „Bringe uns, Herr, zu dir zurück, dass wir wieder heimkommen; erneuere unsre Tage wie vor alters!" Vor dem Hintergrund der im Deckenprogramm erkannten Zusammenhänge erhalten diese Worte eine dramatische Aktualisierung. „Erneuere unsere Tage wie vor alters!" – Diese Worte schließen gedanklich unmittelbar an die Vorstellung der im angrenzenden ersten Deckenfresko vorgenommenen Teilung in Hell und Dunkel und an die Bestimmung des dunklen Loses für einen Teil der Menschheit an. Aus der Erwartung der Verkündigung eines Neuanfangs erklärt sich sowohl die Haltung der Delphica als auch des Propheten Daniel. Einzubinden in diese Interpretation ist ebenfalls die Libyca, während bei allen anderen eine kritische Auseinandersetzung mit dem STATUS QUO zu spüren ist.

Altarwand: Der Prophet Jonas (Abb. 24)

Der Insbildsetzung der flehentlichen Bitte des Propheten Jeremias um Erneuerung der Tage dient die vehemente Gestaltung des Propheten Jonas. Der Anspruch auf diesen Platz über dem Altar wird in der Literatur übereinstimmend und berechtigt aus der Funktion des Jonas als Präfiguration Christi abgeleitet.[69] Dieser Bezug rechtfertigt jedoch in keiner Weise die ungewöhnliche und dramatische Gestaltung dieses Propheten, der dem durch den Haupteingang die Kapelle betretenden Besucher seine nackten Beine mit der windelartigen Verhüllung im Schritt so ungesittet entgegenstreckt. Die bisher aufgezeigten Gedankengänge lassen keinen Zweifel an der Absicht Michelangelos, seinen Jonas durch den unübersehbaren Hinweis auf die menschliche Nacktheit in die Zentralthematik der Deckenfresken, die Belastung eines Teiles der Menschheit durch den Fluch des von Gott auserwählten Noah, einzubinden. In der Gestaltung des Propheten Jonas wird diese Thematik zu ihrem Höhepunkt geführt, und durch Gestik und Körper-

---

69 Neues Testament, Mattthäus 12,40: „Denn wie Jona drei Tage und drei Nächte im Bauch des Fisches war, so wird der Menschensohn drei Tage und drei Nächte im Schoß der Erde sein."

haltung des Propheten eine Verklammerung der einzelnen Bildzonen bewirkt.

Jonas ist in merkwürdig formulierter Gestalt auf seinen Thron gepresst. Durch die Neigung seines Oberkörpers gibt er die Rückwand seines Thrones frei als Bildraum für erklärende Darstellungen, den Fisch als Symbol seiner Errettung unten und oben den Rizinus, den Gott in einer Nacht wachsen ließ, um Jonas vor den sengenden Strahlen der Sonne zu schützen. Jonas war von Gott auserwählt, die sündigen Menschen der Stadt Ninive vor dem drohenden Untergang zu warnen.[70] Er flüchtete vor dem Ruf Gottes und wurde von der Schiffsbesatzung während eines furchtbaren Sturmes durch das Los als der für dieses Unwetter Verantwortliche erkannt. Trotz aller Anstrengungen gelang es der Schiffsbesatzung nicht, das Schiff in Sicherheit zu bringen. Jonas war sich dessen bewusst, dass sein Ungehorsam gegen Gott die ganze Besatzung in diese Katastrophe geführt hatte, und erklärte sich bereit, sich über Bord werfen zu lassen. Und sofort beruhigte sich das aufgewühlte Meer.

In höchster Not und den sicheren Tod vor Augen betete Jonas zu seinem Gott und wurde auf wunderbare Weise durch einen großen Fisch errettet. Und trotz dieser Erfahrung, die Jonas mit Gott gemacht hatte, zürnte er seinem Gott, als dieser später davon absah, die nach Jonas' Aufruf zur Buße reuigen und zur Umkehr bereiten Menschen der Stadt Ninive zu vernichten.

Zwischen den Symbolen der Errettung des auserwählten Jonas, die beide dem Naturbereich angehören, treffen wir wieder auf die beiden kindlichen Gestalten, die die Propheten und Sibyllen begleiten. Sie waren bereits in den vo-

---

70 Altes Testament, Der Prophet Jona 1–4.

rangehenden Darstellungen als Bedeutungsträger erkannt worden und es konnte ein Spannungsverhältnis festgestellt werden, das zwischen brüderlicher Vereinigung und angedeuteter Trennung schwankte. In dieser Bildformulierung ist die Trennung der beiden krass ins Bild gesetzt: die eine älter und sicher geborgen zwischen Jonas und dem Fischkörper und – getrennt von dieser durch den Fisch – eine zweite, wesentlich jüngere Gestalt, reduziert auf ein traurig auf Jonas blickendes Kindergesicht und eine mit abgespreizten Fingern wie zum Abschied erhobene kleine Hand. Noch einmal lässt Michelangelo das Bekleidungsthema anklingen. Hinter diesem Kleinen hat eine kräftige Windböe ein Gewandteil erfasst und trägt es wie ein aufgeblähtes Segel davon.

Jonas ist die zentrale Figur der gesamten Decke. Sie fällt dem Eintretenden sofort ins Auge, zu ihr hin steigert sich die Gestaltung des Gesamtprogramms in nicht zu übersehender Dynamik. Er ist hier der Aktive, der Redende, er wendet sich direkt an den Schöpfer und scheint seinem Gott die Worte des trauernden Jeremias zuzurufen: „Erneuere unsere Tage wie vor alters!"

Jonas ist der einzige Prophet, der es wagte, sich seinem Gott zu widersetzen. Der Bibeltext berichtet von Starrsinn und fehlendem Gerechtigkeitssinn dieses von Gott auserwählten Menschen und von der großen Güte seines Schöpfers. Jonas kannte seinen Gott sehr wohl, denn er sagt von ihm: „Denn ich wusste, dass du gnädig, barmherzig, langmütig und von großer Güte bist und lässt dich des Übels gereuen" (Jona 4,2). An diese Gewissheit des Propheten Jonas knüpft Michelangelo an, indem er den Rebellen von Ninive zum Fürbitter für den zum dunklen Los bestimmten Teil der Menschheit umfunktioniert. Jonas wendet seinen Kopf hin zum ersten Deckenfresko und seine Augen sind auf den Schöpfer gerichtet, der dort die Teilung in Hell und Dunkel vornimmt. Sein Mund ist zum Reden geöffnet, und in heftigster Erregung weist er mit beiden Zeigefingern in die Zwickeldarstellung mit der *Bestrafung des Haman*. Seine Arme antworten auf die Bewegung der Arme des Schöpfergottes im ersten Deckenfresko. Die Parallelität der Zeigefinger enthält nichts Trennendes mehr, sondern verweist eindringlich und unübersehbar auf diese Problematik der Menschheit.

Die Gewölbezwickel

Die vier Gewölbezwickel mit ihren Darstellungen der wunderbaren Errettung des auserwählten Volkes enthalten eine Reihe von Eigentümlichkeiten in der Bildformulierung, die sich in den Rahmen traditioneller Interpretation nicht einfügen lassen und die schon ältere Interpreten veranlassten, hier weniger Siege als Hinrichtungen zu sehen.[71] Vor dem Hintergrund der hier aufgedeckten zweiten Sinnschicht geben diese jedoch ihre eigene Bedeutsamkeit zu erkennen.

1. Gewölbezwickel Altarwand links: Die Bestrafung des Haman (Abb. 25)

Die beiden ausgestreckten Arme des Propheten Jonas weisen in den Gewölbezwickel links über dem Altar mit der Darstellung der *Bestrafung des Haman*. Als Auserwählter und Begünstigter des Königs Ahasveros hatte Haman versucht, das von Gott auserwählte Volk der Juden zu vernichten, weil Mordechai, ein Angehöriger dieses Volkes, nicht bereit war, ihm die gebotene Ehre zu erweisen und vor ihm das Knie zu beugen.[72]

Es handelt sich jedoch keinesfalls um einen allgemeinen, das ganze Bildfeld treffenden Gestus, sondern die beiden Zeigefinger des Propheten Jonas sind direkt auf den weisenden Arm des auf seinem Lager liegenden König Ahas-

---

71 Justi, S. 55.
72 Altes Testament, Ester, Kap. 3–7.

veros gerichtet. König Ahasveros weist mit halb aufgerichtetem, nacktem Oberkörper und energisch ausgestrecktem Arm auf einen eilig die Treppe hinunter hastenden Knaben, der durch die sich in der Trennwand befindlichen Öffnung hindurch in den Raum der Hinrichtung gelangt.

Der gerade nach hinten ausgestreckte Arm des Knaben nimmt den weisenden Gestus des Liegenden auf, während man in der auffälligen Haltung der linken Hand den Ausdruck des Auffangens erkennen kann. Vor seinen Füßen hockt auf der untersten Stufe eine zweite jugendliche Gestalt, die sich erstaunt zu ihm umwendet. Man könnte aufgrund der Kleidung darauf schließen, dass es sich um ein Mädchen handelt. Vor dem Hintergrund des bisher im Deckenprogramm enthaltenen Gedankenganges handelt es sich um zwei junge Menschen, von denen der eine hinausgewiesen wird, während der andere nicht von diesem dunklen Los betroffen ist. In der auffallenden Nacktheit des auf seinem Lager liegenden Königs – die über seine Beine gebreitete grüne Decke erreicht nur knapp seinen Schoß – klingt deutlich die Zentralthematik aus der *Trunkenheit Noahs* an.

Dieser Gewölbezwickel enthält noch zwei weitere Einzeldarstellungen. In der linken Dreiecksspitze ist die Andeutung des bei der Königin Ester stattfindenden Gastmahls zu erkennen. Haman ist bereits aufgesprungen und im Begriff, in der Körperhaltung eines Ausgestoßenen aus dem Raum zu stürzen. Sowohl der die Treppe hinunter hastende Knabe in der rechten Zwickelecke als auch Haman in der linken drängen in das mittlere Bildfeld hinein.

Im Zentrum des Zwickels erscheint dann die Verkörperung des Haman noch einmal. Doch dieser nackte, muskulöse Körper erinnert in nichts mehr an die schwächliche Gestalt des am Tisch sitzenden Haman, sondern schließt optisch unmittelbar an die *Ignudi,* die nackten Jünglingsfiguren des Deckenspiegels an.

Den linken Arm weit vorgestreckt und damit sein Gesicht halb verdeckend, scheint er mit seinem Astkreuz auf dem Rücken mit gewaltiger Kraftanstrengung aus dem Bild heraus in den Realraum springen zu wollen. Sein Lendentuch – anstatt seine Funktion zu erfüllen – legt sich hinten um den Stamm des Kreuzes. Wieder wird der Betrachter mit dem nackten menschlichen Körper konfrontiert, und mit der Wahl des Astkreuzes nahm Michelangelo das Motiv der abgesägten Äste wieder auf, das Symbol für die von Anbeginn beschnittene Lebenskraft.

Haman war der Auserwählte des Königs und von diesem mit Ehre überhäuft, doch sein Schicksal wendete sich von einem Tag auf den anderen. Der Bibeltext spricht mehrfach vom „Werfen des Loses", das ebenfalls den Propheten Jonas während des Unwetters auf dem Meer als Schuldigen ausgewiesen hatte. Hamans Freunde und seine Frau erkannten sofort, dass Haman seinem Gegenspieler Mordechai unterliegen musste, da dieser dem von Gott auserwählten Volk der Juden angehörte. Haman dagegen wird im Bibeltext in auffälliger Wiederholung als Agagiter bezeichnet, als Nachkomme des Amalekiterkönigs, dessen Geschlecht mit dem Fluch belegt und zur Ausrottung bestimmt war.[73]

Damit lässt Michelangelo den störrischen Propheten Jonas hier an der exponiertesten Stelle der heiligsten Kapelle der katholischen Christenheit in seiner Funktion als Präfiguration Christi Gott für die mit einem dunklen Los bedachte Menschheit bitten.

Eine vergleichbar eigenwillige Veränderung der Bedeutungswerte lässt sich ebenfalls in den anderen drei Gewölbezwickeln feststellen.

---

73 AT, 2. Mose 17, 8-16; 5. Mose 25, 17–19.

2. Gewölbezwickel Altarwand rechts:
Die Eherne Schlange (Abb. 26)

Für die Ausfüllung des Zwickels rechts über dem Altar wählte Michelangelo die Darstellung der *Ehernen Schlange.*[74] Gott strafte das Volk durch die Sendung giftiger Schlangen, weil es auf der Wanderung durch die Wüste gegen Gott und den von ihm auserwählten Anführer Mose murrte. Erst als viele von ihnen getötet waren, kamen sie reuig zu Mose und baten ihn um Fürsprache bei Gott, damit die Schlangen von ihnen genommen würden. Und Mose bat für sie. Aber Gott ließ die Schlangen nicht verschwinden, sondern wies Mose an, eine eherne Schlange anzufertigen und hoch aufzurichten. Wer gebissen war, sollte sie anblicken und würde überleben. Im Neuen Testament wird die *Eherne Schlange* als Symbol für die Errettung durch den Kreuzestod Christi verstanden.

In traditionellen Bildformulierungen steht Mose neben der von ihm aufgerichteten Ehernen Schlange und weist auf diese. Um so erschreckender wirkt die Bildformulierung Michelangelos. In ihr hat sich die Eherne Schlange wie trennend zwischen die Menschen geschoben, und Mose, als Führer des Gottesvolkes, ist nicht zu erkennen. Die Schlange scheint die Menge in Auserwählte und in zum Untergang Verdammte zu teilen. Doch die Auserwählten erfahren eine merkwürdig schwache malerische Ausgestaltung. Lediglich ein kleines Kind scheint fröhlich und unbefangen nach dem Kopf des sich ihm entgegen reckenden Tieres greifen zu wollen. Auf der anderen Seite winden sich die kraftvollen Körper der Verdammten unter den würgenden Umschlingungen der giftigen Nattern.

---

74 AT, 4. Mose 21, 4–9.

Und wieder wählte Michelangelo das Motiv des kleinen Kindes. Als Pendant seines unbeschwerten Gegenübers blickt es unschuldig und traurig aus dem Bild heraus, hoffnungslos ausgeliefert einem unverschuldeten Schicksal.

Michelangelo weicht hier erheblich vom Bibeltext ab, nach dem die von diesem Ereignis Betroffenen alle von Geburt aus zum von Gott auserwählten Volk gehörten und durch Mose bei Befolgung der ihm von Gott gegebenen Anweisungen den Weg zur Heilung gewiesen bekamen. Den einen Teil der im Bild gezeigten Menschen hat dieser Hinweis offensichtlich nicht erreicht, und eine Führungspersönlichkeit fehlt völlig.

3. Gewölbezwickel Eingangswand rechts: Judith und Holofernes (Abb. 27)

Der *Ehernen Schlange* liegt an der Eingangswand der Kapelle die Darstellung von *Judith und Holofernes* gegenüber. In diesem Bildfeld trennt eine Standlinie das untere Dreieck ab, das dunkel eingefärbt ohne jegliche Darstellung verbleibt. Im oberen Teil wird eine deutliche Dreiteilung fassbar. Die linke Spitze wird von den schlafenden Wächtern ausgefüllt, wobei auffällt, wie viel Raum hier in dieser dramatischen Komposition diesen eigentlichen „Nebenfiguren" zugebilligt wurde. Im Gegensatz zu dem dumpfen Nichtbeteiligtsein der Wärter steht in der rechten Dreiecksspitze im Inneren des Raumes das wilde Aufbäumen des nackten, jugendlichen Körpers des Holofernes, der wie lebend erscheint, obgleich sein Kopf bereits vom Körper getrennt wurde. Vor der hell angestrahlten Außenwand, die sie von dem Todeskampf trennt, schleichen sich Judith und ihre Dienerin davon. Judith wendet den Blick noch einmal zurück zu dem Ort ihrer Tat.

Die Dienerin ist in die Knie gegangen, damit ihre Herrin das in einer Schüssel auf dem Kopf getragene Haupt des Holofernes mit einem Tuch bedecken kann. Doch dieses greise Haupt passt so gar nicht zu dem jugendlichen Körper des Holofernes – und es trägt unübersehbar die Züge Michelangelos. Im *Jüngsten Gericht* an der Altarwand der Sixtinischen Kapelle wurden auf der abgezogenen Haut in der Hand des Bartholomäus die verzerrten Gesichtszüge Michelangelos erkannt, und – von der Forschung erst im Zuge der Restaurierungsarbeiten entdeckt – sein Kopf schemenhaft, aber unverkennbar neben dem Sockel des Propheten Jonas, zu werten als Zeichen, wie sehr Michelangelo sein eigenes Ich in die von ihm dargestellte Thematik einbezog.

4. Gewölbezwickel Eingangswand links: David und Goliath (Abb. 28)

Klar fassbar wird die geometrische Konstruktion des Bildraumes ebenfalls im linken Zwickel über der Eingangswand – in der Darstellung von *David und Goliath*. Verfolgt man ihren Aufbau, vergleicht ihn mit dem der anderen Zwickel, so erhalten bisher nicht beachtete Details ihren besonderen Akzent, der sich nur aus einer eigenen Befrachtung mit einer inhaltlichen Aussage erklären lassen kann.

Das Zentrum des Bildfeldes wird ausgefüllt durch die aus David und Goliath bestehende Figurengruppe. Die mit erhobenem Schwert aufrecht über dem zu Boden gestürzten Riesen stehende Gestalt Davids wird – vergleichbar der hellen Wand im benachbarten Gewölbezwickel – hinterfangen von einem hell angestrahlten kegelartigen Teil des Zeltes, der das untere Dreieck des Gewölbezwickels in umgekehrter Form widerspiegelt. In den oberen Dreiecksspitzen sind rechts und links Soldaten zu erkennen. Der ungeschlachte Riese Goliath liegt mit seiner kostbar wirkenden Kleidung jedoch keineswegs leblos am Boden. Davids Stein hat ihn im Gegensatz zum biblischen Bericht[75] offensichtlich nicht bewusstlos niedergestreckt. Der Riese reckt den Kopf hoch und scheint die unbeteiligt am Rande des Geschehens stehenden Soldaten um Hilfe rufen zu wollen. David greift mit der linken Hand in das volle Haar des Riesen, um dessen Kopf nieder zu drücken. Er hat das Schwert bereits erhoben und wird im nächsten Moment Goliath bei vollem Bewusstsein enthaupten.

Michelangelo hatte im benachbarten Zwickel den bereits geköpften Holofernes ebenso auffällig wie unlogisch verlebendigt und durch die Ausstattung des abgeschlagenen Kopfes mit seinen eigenen erstarrten Gesichtszügen eine persönlich empfundene Tragik spürbar werden lassen.

In *David und Goliath* werden die gleichen Bildzeichen verwendet. Goliath, der nach dem biblischen Bericht zumindest wie leblos am Boden liegen müsste, wird ebenfalls bei Bewusstsein gezeigt. Und seine Hilferufe verhallen ungehört. Darüber hinaus passte Michelangelo das Schwert in den Händen Davids genau der Körpergröße Davids an, obgleich es sich nach dem biblischen Bericht um das Schwert des Riesen handelt, das David dem am Boden liegenden Riesen aus der Scheide zog. Es ist also keineswegs das Schwert des Riesen, für den es lediglich das Format eines Dolches haben würde. Sowohl Form als auch Größe des Schwertes erinnern lebhaft an das zum tödlichen Schlag erhobene Schwert des Mose in der Szene der „Erschlagung des Ägypters" in Botticellis *Prüfungen des Mose* im unteren Wandzyklus. Auch der Griff in die Haare des zu erschlagenden Gegners ist dort vorformuliert.

---

75 AT, 1. Samuel 17.

Das Schwert spielt noch einmal eine Rolle im unteren Wandzyklus: Im *Letzten Abendmahl* zeigt der mittlere Ausblick die Szene der Gefangennahme Jesu. Judas verrät seinen Meister mit einem Kuss, und einer der Gefolgsleute Jesu kniet über dem am Boden liegenden, schreienden Knecht des hohen Priesters, dem er gerade mit dem Schwert ein Ohr abgetrennt hat. Doch Jesus gebietet ihm Einhalt und heilt den Knecht.[76]

Die Verbindungslinie der aufgestützten Arme des Riesen bildet eine Gerade, so dass – vergleichbar dem Gewölbezwickel mit *Judith und Holofernes* – eine untere, dunkel gefärbte Dreiecksspitze abgetrennt wird. Diese Zone blieb im benachbarten Zwickel auffallend leer. Hier dient sie dazu, der auf den Boden geworfenen Schleuder Raum zu geben. Diese Schleuder begrenzt das Bildgeschehen nach unten, während parallel dazu die obere Grenze das zum tödlichen Schlag erhobene Schwert bildet.

Michelangelos persönliche Erfahrung mit Papst Julius II., den er in Bologna auf dessen ausdrücklichen Wunsch mit dem Schwert anstatt mit dem Buch darstellen musste, standen in krassem Gegensatz zum Vorbild Jesu, dessen Stellvertreter auf Erden in dieser Kapelle gewählt werden und in dessen Nachfolge sowohl der Gebrauch des Schwertes als auch die Unterdrückung der Menschen – und damit Krieg und Knechtschaft – überwunden sein sollte. Hier wird sowohl Kritik als auch Mahnung spürbar.

---

76 NT, Lukas 22, 47–51.

Die Propheten Zacharias (Abb. 13) und Jonas (Abb. 24)

Zwischen Michelangelos *Propheten Zacharias* auf der Eingangswand der Sixtinischen Kapelle und dem *Propheten Jonas* auf der Altarwand wird von den Interpreten immer wieder ein Spannungsverhältnis empfunden. Vergegenwärtigt man sich die Bildformulierungen, so ist dieses Spannungsverhältnis rein von der äußeren Gestaltung dieser beiden Propheten unübersehbar. Zacharias ruhig, ja beinahe nachdenklich in seinem Buch blätternd vermittelt keineswegs den Eindruck, sich gedrängt zu fühlen, die Botschaft, die er empfangen hat, zu verkündigen. Und es ist doch eine wunderbare Botschaft. Nicht nur, dass der Tempel wieder aufgebaut werden würde und der Herr sich Jerusalem wieder mit Barmherzigkeit zuwenden, es trösten und wieder erwählen wolle,[77] sondern es wurde darüber hinaus sowohl das künftige Heil für alle Völker[78], als auch die Ankunft des Messias und sein Friedensreich angekündigt[79].

Aber Zacharias wird von Gott auch an frühere Zeiten erinnert. In Kapitel 7,7 heißt es: „... Ist's nicht das, was der Herr durch die früheren Propheten predigen ließ, als Jerusalem bewohnt war und Frieden hatte samt seinen Städten ringsum und Leute im Südland und im Hügelland wohnten – 8. und des Herrn Wort geschah zu Sacharja – 9. dass der Herr Zebaoth sprach: Richtet recht und ein jeder Bruder erweise seinem Bruder Güte und Barmherzigkeit, 10. und tut nicht Unrecht den Witwen und Waisen, Fremdlingen

---

77 Sacharja 1, 16–17.
78 Sacharja 8, 20–23.
79 Sacharja 9, 9.

und Armen, und denke keiner gegen seinen Bruder etwas Arges in seinem Herzen! 11. Aber sie wollten nicht aufmerken und kehrten mir den Rücken zu und verstockten ihre Ohren, um nicht zu hören, 12. und machten ihre Herzen hart wie Diamant, damit sie nicht hörten das Gesetz und die Worte, die der Herr Zebaoth durch seinen Geist sandte durch die früheren Propheten. Daher ist so großer Zorn vom Herrn Zebaoth gekommen."[80]

Mit dem Rückblick auf das Verhalten der Väter begann bereits das erste Kapitel des Propheten Sacharja (Zacharias). Dort heißt es: 1,2. „Der Herr ist zornig gewesen über eure Väter. 3. Aber sprich zum Volk: So spricht der Herr Zebaoth: Kehrt euch zu mir, so will ich mich zu euch kehren, … 4. Seid nicht wie eure Väter, denen die früheren Propheten predigten und sprachen: „So spricht der Herr Zebaoth: Kehrt um von euren bösen Wegen und von eurem bösen Tun!", aber sie gehorchten nicht und achteten nicht auf mich, spricht der Herr."

Während die Worte aus Kapitel 7,7 „… und ein jeder erweise seinem Bruder Güte und Barmherzigkeit …" ihren unmittelbaren bildlichen Niederschlag in Michelangelos Darstellung sowohl der beiden kleinen Begleitfiguren des Propheten als auch in der Haltung der Söhne Noahs in der angrenzenden *Trunkenheit Noahs* gefunden hat, geht es in Vers 12: „und machten ihre Herzen hart wie Diamant, damit sie nicht hörten das Gesetz und die Worte, die der Herr Zebaoth durch seinen Geist sandte durch die früheren Propheten …" eindeutig um Ungehorsam – sowohl dem Gesetz des Mose als auch den Worten späterer Propheten gegenüber.

Der Herr ist zornig gewesen über die Väter, aber er wendet sich in Kapitel 1 erneut durch den Propheten Zacharias (Sacharja) an das Volk. Dort heißt es: 1,3: „So spricht der

---

80 Sacharja 7, 7–12.

Herr Zebaoth; Kehrt euch zu mir, so will ich mich zu euch kehren ..." Das ist eindeutig eine erneute Aufforderung zur Umkehr, zur Abkehr von den alten Wegen und damit ein Aufruf zur Buße, ein Thema, das Michelangelo seit dem Hören der Predigten Savonarolas zeit seines Lebens tief bewegte.

Es ist nicht verwunderlich, dass Michelangelo seinen Propheten Zacharias – wahrscheinlich im Hinblick auf die damalige Situation in der Welt – so nachdenklich, zögerlich und unfroh darstellte.

Michelangelo selbst jedoch schreitet zur Tat. Er lässt seinen Propheten Jonas auf der Altarwand diese Umkehr vollziehen. Sein Jonas wendet sich direkt an Gott, um auf das Leiden des mit einem dunklen Los bedachten Teiles der Menschheit hinzuweisen und Fürbitte zu leisten. Die vier Kapitel des Buches Jona enthalten keine einzige Prophetie, nur die Aufforderung Gottes an Jona, die sündigen Menschen der Stadt Ninive zur Buße zu rufen. Doch das in diesen vier Kapiteln geschilderte störrische Verhalten des von Gott auserwählten Propheten Jonas spiegelt in eindrücklicher Weise das allgemeine menschliche Verhalten – bis auf den heutigen Tag. Die Bibel berichtet im Alten Testament immer wieder vom Ungehorsam und vom Abfall von Gott – gerade, wenn es dem auserwählten Volk gut ging – aber auch von der Güte und Geduld Gottes mit der von ihm geschaffenen Menschheit.

Die empfundene Spannung zwischen den Darstellungen der Propheten Zacharias und Jonas erklärt sich somit aus dem inhaltlichen Zusammenhang der an den Propheten Zacharias ergangenen göttlichen Worte und dem in der Bibel überlieferten störrischen Verhalten des Propheten Jonas, der seinem Gott die Worte entgegen schleuderte: „Mit Recht zürne ich bis an den Tod." Ihn lässt Michelangelo in seiner Bildformulierung des Propheten Jonas an der Altarwand der Sixtinischen Kapelle auf beeindruckende und mutige Weise diese Umkehr vollziehen.

Die Bronzemedaillons

Die Gestaltung der Decke weist noch eine weitere Form von Bildträgern auf: die zehn Bronzemedaillons, die den fünf kleineren Bildfeldern des Deckenspiegels seitlich zugeordnet sind. Liest man die den ausgewählten Bildthemen entsprechenden Texte des biblischen Berichtes, so erkennt man, dass Michelangelo hier die Auswirkungen der Ereignisse der frühesten Menschheitsgeschichte, die er auf den neun Fresken des Deckenspiegels als geistigen Hintergrund ausbreitete, vor Augen führt. Und wie in den Gewölbezwickeln wird auch hier das Los der nicht zum Gottesvolk Gehörenden auffällig in den Vordergrund gerückt.

Nähert man sich der inhaltlichen Aussage über das optisch Fassbare, so führt das zu dem überraschenden Ergebnis, dass sich zwei Arten von Bildgestaltungen unterscheiden lassen: ruhige Darstellungen, die von einer gewissen Statik und dem Motiv der Senkrechten geprägt sind, und ausgesprochen wild bewegte Darstellungen. Zur ersten Gruppe gehört [81]*Der Tod Abners (2. Samuel 3), Mattathias zerstört den Altar in Modin (1. Makk. 2), Alexander der Große vor dem Hohen Priester (in der Malermi-Bibel vor II. Makk. 3), die erhaltenen Reste des zerstörten Medaillons über der Persica*[82]*, Die Opferung Isaaks (1. Mose 22).* Zur zweiten Gruppe gehört

---

81 Zur Identifizierung der Bildinhalte liegen unterschiedlichste Beiträge vor. Hier wird dem Vorschlag von Charles Hope, The Medaillons on the Sistine Cailing, in: Journal of the Warburg and Courtauld Institutes, 1987, S. 200–204, gefolgt.

82 Dieses Medaillon ist so zerstört, dass der Bildinhalt nicht mit Sicherheit festgestellt werden kann. Vorschlag Hopes: Die Heilung Naamans durch Elisa (II. Könige 5).

Antiochus Epiphanes stürzt von seinem Wagen (2. Makk. 9),
Die Vertreibung Heliodors (2. Makk. 3), Der Tod Nikanors (2.
Makk. 15), Der Tod Absaloms (2. Sam. 18), Die Himmelfahrt
Elias (2. Kön. 2).

Verbindet man die zu einer Gruppe gehörenden Medaillons mit einer Geraden, so zeigt sich, dass die Schnittpunkte dieser beiden gedachten Verbindungslinien direkt im Mittelpunkt der großen Deckenfresken und auf einer Linie mit den Scheitelpunkten der Dreiecke über den Lünetten liegen. Durch das Hinüberspringen auf die gegenüber liegende Seite der Decke überziehen diese Linien die Decke wie mit einem Netzwerk. Die optisch fassbar werdende Zusammengehörigkeit der Medaillons erweist sich somit als konkreter Konstruktionsbestandteil, der seinen Niederschlag auch in der inhaltlichen Aussage findet.[83]

Die gedachten Linien münden ein in die beiden Medaillons neben dem ersten Deckenfresko über dem Altar. Diese beiden Medaillons zeigen Szenen aus dem Leben zweier Auserwählter – nämlich Elias und Abrahams –, und zwar *Die Himmelfahrt Elias* und *Die Opferung Isaaks*. Der eine, der Prophet Elia, wird in seinem irdischen Körper, ohne durch den Tod gegangen zu sein, in den Himmel entrückt. Es ist spannend, den kurzen biblischen Bericht über die Vorgeschichte der Entrückung Elias zu lesen[84], in dem es um den Abfall von Gott, die Beauftragung des Propheten Elia – der im Gegensatz zu Jona diesem Auftrag Folge leistete – und das dramatische Eingreifen Gottes geht.

---

83 Zur intensiveren Auseinandersetzung mit den Bildinhalten der Medaillons siehe: Lieselotte Bestmann, Die Galerie Alexanders VII. im Palazzo del Quirinale zu Rom und ihre Beziehung zum ikonographischen Programm der Decke der Sixtinischen Kapelle, Verlag a. d. Lottbek, Ammersbek b. Hamburg, 1991, S.143f.
84 AT, 2. Könige 1–2.

Vom anderen, von Abraham, verlangte Gott, seinen ihm von Gott verheißenen Sohn Isaak eigenhändig auf dem Altar zu opfern. Abraham ist bereit, Gott zu gehorchen. Doch Gott verhindert die Ausführung. Typologisch gilt dieses Ereignis als Vorbild für den Opfertod Christi. Sowohl die Opferung Isaaks als auch der Opfertod Christi sind Beispiele uneingeschränkten Gehorsams, die zum Segen für alle Menschen werden sollen. Wichtig ist in diesem Zusammenhang, sich daran zu erinnern, dass Abraham die Vertreibung seines erstgeborenen Sohnes Ismael, den Sohn der ägyptischen Magd, den nicht von Gott auserwählten, keinesfalls leicht fiel. Aber Gott trug ihm auf, der Bitte seiner Frau Sara um Vertreibung Ismaels Folge zu leisten. Doch Gott versprach, auch Ismael zu einem großen Volk zu machen, weil er auch ein Sohn Abrahams ist. Der Bund jedoch sollte mit Abraham und den Nachkommen seines von Gott verheißenen Sohnes Isaak geschlossen werden.[85]

An diesem Punkt berühren wir eine außerordentlich empfindliche Problematik: das Verhältnis zwischen Islam und Christentum. Die Nachkommen Ismaels, die heutigen Anhänger des Islam, berufen sich – und das durchaus zu Recht – wie Juden und Christen auf Abraham als ihren Stammvater. Hier wird – wie im Deckenfresko der *Trunkenheit Noahs* – noch einmal das Problem unterschiedlich ausgestatteter Brüder fassbar.

Als Michelangelo die Decke der Sixtina ausmalte, standen die Türken vor den Toren Wiens, und noch heute bekämpfen sich Christen und Muslime direkt vor den Augen der Gremien höchster religiöser Geistlichkeit mit einer Grausam-

---

85 AT, 1. Mose, 21.

keit, die vor nichts halt macht – auch nicht vor unschuldigen Kindern. Michelangelo lässt im direkt angrenzenden Gewölbezwickel in der Darstellung der *Ehernen Schlange* Mose als Führungspersönlichkeit in auffälliger und von der Bildtradition abweichender Weise fehlen. Mose – als Präfiguration Christi – diente jedoch gerade im unteren Wandzyklus der Legitimation des Papsttums. Hier spricht Michelangelo über das Medium Bild einen Mangel an, der damals so aktuell war wie in den folgenden fünfhundert Jahren und der den Auserwählten, die „sehende Augen und hörende Ohren" haben, als Appell verständlich sein sollte.

Doch Michelangelo belässt es nicht bei diesem Hinweis, sondern geht noch einen entscheidenden Schritt weiter. Er wählt als Zentrum über dem Altar nicht Mose als Präfiguration Christi, sondern Jonas, den von Gott auserwählten Propheten, der zwar hören konnte, aber nicht wollte und der aus Eigeninteresse sich seinem Gott widersetzte. Am Schluss von Michelangelos Deckenzyklus hat sein Jonas den Aufruf zur Umkehr und Buße, den er den Bewohnern von Ninive überbringen sollte, auch für sich selbst vernommen und in die Tat umgesetzt. Michelangelos Jonas erscheint hier über dem Altar vollkommen umgewandelt als wahre Präfiguration Christi, er hat das Wesen Christi bereits angenommen. Er wendet sich direkt an Gott und wird – wie Christus am Kreuz ~– zum Fürbitter für die, „die nicht wissen, was sie tun."[86]

86 NT, Lukas 23, 34.

Die optische Wirkung der Medaillons

Über den rein optischen Eindruck erschließt sich noch etwas. Lassen wir die Gesamtheit des Deckenzyklus auf unser Auge einwirken, so wie ihn Michelangelo vor der Ausführung vor seinem geistigen Auge gesehen haben muss, so erkennen wir plötzlich, dass das Rund der Sonnenscheibe des zweiten Deckenfreskos in der Form der Medaillons einen stetigen Widerhall findet und den ganzen Deckenspiegel überzieht.[87] Das nach der Reinigung der Fresken jetzt strahlende Gelb der Sonne wird in den goldenen Aufhöhungen der Bronzemedaillons in unterschiedlicher Intensität reflektiert und erfasst in den Medaillons neben dem Zentralfresko – der *Erschaffung Evas* – ebenfalls die durch die Umrandung der Medaillons gezogenen breiten Bänder. Sowohl die Farbe dieser Bänder als auch die Umrandung der Medaillons nehmen die violette Farbe der Gotteskleidung der ersten drei Deckenfresken auf. Und Gold ist das der damaligen Zeit geläufige Symbol der Gnade.[88] Damit stellt sich die Frage, ob die Bronzemedaillons in nur einer Sinnschicht als Bildträger zu verstehen sein sollten. Unter Berücksichtigung der Vielschichtigkeit des Programms und der erkannten thematischen Einbindung ihrer bildlichen Darstellungen in das Gesamtkonzept lässt diese optische Auffälligkeit auf das Vorhandensein einer weiteren Sinnschicht schließen.

Im zweiten Deckenfresko weist Gott mit energisch ausgestreckten Armen auf die beiden unterschiedlichen Gestir-

---

87 Ebenfalls gesehen von Hartt, Lignum Vitae, S. 194, wenn auch mit anderer Interpretation.

88 Dotson, Ester Gordon, An Augustinian Interpretation of Michelangelo's Sistine Ceiling, in: The Art Bulletin, 1979, S. 254.

ne – auf die im Zentrum stehende strahlende Sonne und am Rande der Bildformulierung auf den blassen Mond. Unter Bezugnahme auf Michelangelos Gedicht *Colui che fece, e non di cosa alcuna,* in dem Michelangelo seine Gedanken zur Schöpfung offenbart, die eine Deutung der weisenden Arme Gottes zu den unterschiedlichen Gestirnen als Zufallen des Loses eines jeden Menschen zu Beginn der Zeiten ermöglichen, liegt es nahe, in den Medaillons die den Menschen bestimmten Lose erkennen zu können.

Das Zufallen des Loses ist eine in der Bibel mehrfach überlieferte Vorstellung. So heißt es z. B. beim Propheten Jesaja, Kapitel 34, in einer die Gesamtthematik des Deckenprogramms unmittelbar kennzeichnenden Aussage: 16. „Suchet nun in dem Buch des Herrn und lest! – Keines von ihnen wird fehlen. Denn sein Mund gebietet es, und sein Geist bringt sie zusammen. 17. Er wirft ihnen das Los, und seine Hand teilt aus ..." und in Sprüche 16,33: „Das Los wird geworfen in den Schoß; aber es fällt, wie der Herr will."

Mit dem Wissen um die Gedanken Michelangelos, wie sie in dem eingangs zitierten Gedicht *Colui che fece e non di cosa alcuna* zum Ausdruck kommen, liegt es nahe, in den Medaillons die den Menschen zugedachten Lose erkennen zu können. Dann werden auch die wilden Bemühungen der *Ignudi* verständlich, die durch das Zerren an den schleierartigen Bändern versuchen, dieses der Sonnenscheibe so ähnliche Glückslos an sich zu ziehen, während für den Betrachter die feste Anbindung an das Sockelmauerwerk deutlich zu erkennen ist.

Die Ignudi

Hier oben in dieser Zone findet sich die stärkste inhaltliche Verdichtung des Themenkomplexes. Hier klärt sich ebenfalls die Frage nach dem Wesen der *Ignudi,* die in der sichtbar gewordenen Einbindung der Medaillons in das Gesamtthema des Gemäldezyklus ausschließlich als Menschen gesehen werden können. Sie zerren an den schleierartigen Bändern der Bronzemedaillons, deren feste Anbindung an das Mauerwerk für den Betrachter sichtbar wird und ihre Bemühungen sinnlos erscheinen lässt. In der Ausbildung ihrer Körperlichkeit gehören sie optisch unmittelbar zu Adam in der *Vertreibung aus dem Paradies* und finden ihren letzten Vertreter in dem mit dem Astkreuz auf dem Rücken in den Realraum hineinspringenden und damit in Beziehung zur Gegenwart gesetzten Haman in Michelangelos Gewölbezwickel *Die Bestrafung Hamans* an der Altarwand. In ihrer Nacktheit und dem bei einigen von ihnen feststellbaren Bemühen, sich mit Gewandteilen oder der Girlande zu bedecken, wird thematisch die durch den Fluch Noahs bewirkte Teilung der Menschheit in Herren und Knechte in Erinnerung gerufen.

Die in luftiger Höhe sich in freien Bewegungen um die angeketteten Bronzemedaillons mühenden *Ignudi* finden ihren Gegenpart in den eingekerkerten Bronzejünglingen und ihrem teilweise wilden, vergeblichen Stemmen gegen die sie fest umschließenden Mauern.

Die Girlande

In der Girlande aus Eichenlaub mit den übergroßen Eicheln ist zweifellos eine Bezugnahme auf das Familienwappen der Della Rovere, der Familie Julius II., zu sehen. Hier greift Michelangelo nochmals das Motiv des Einhüllens auf, und die angestrengten Bemühungen der *Ignudi* lassen die Schwere dieses Herrschersymbols empfinden. Mit einer solchen Bildformulierung spielt Michelangelo, wie in dem abgeschlagenen Haupt des Holofernes, dem er seine eigenen Gesichtszüge gab, unmissverständlich auf sein persönliches Verhältnis zum Papst an.

Die Genealogie Christi

Noch eine weitere Gruppe von Menschen bevölkert Michelangelos Deckengestaltung: Die Genealogie Christi. Die Tatsache, hier in einer Sinnschicht die Darstellung der Vorfahren Christi sehen zu sollen, ist durch die Beifügung der Namenstafeln sichergestellt. Immer wieder ist jedoch auf die Schwierigkeit der Entdeckung von Übereinstimmungen zwischen namentlicher Kennzeichnung und bildlicher Darstellung hingewiesen worden, und es stellt sich die Frage, ob Michelangelo nicht diese Bezeichnungen gewählt haben könnte, um die Einbringung dieser betont einfachen Menschen hier an diesem Platz zu rechtfertigen. Allen gemeinsam ist, in mehr oder weniger starker Ausprägung, eine dumpfe Niedergeschlagenheit, ein Harren und Warten, teilweise eine depressiv wirkende Verstrickung in die eigene Person und immer wieder die Darstellung von Familien mit Kindern. Sie scheinen in ängstlicher Spannung darauf zu warten, welches Los ihren Nachkommen zugefallen ist.

Die Anbindung an den unteren Wandzyklus

Die Bezugnahme Michelangelos auf den unter Papst Sixtus IV. entstandenen und 1484 vollendeten Wandzyklus zeigt sich sowohl in Motivübernahme als auch in Bezugnahme auf die im Wandzyklus aufgezeigte Thematik, die von Vorherbestimmung und Erwählung, Gesetzgebung und Gehorsam gegenüber den Geboten bestimmt wird.

In Michelangelos *Sündenfall* im Deckenzyklus war die aktive Rolle Adams aufgefallen, die den Ungehorsam des ersten Menschen ins Bild setzt. Hinzu kommt die überdeutliche Darstellung der Geschlechtlichkeit Adams, mit der nicht nur die inhaltliche Entwicklung der Noah-Szenen eingeleitet, sondern gleichzeitig die Brücke zum ersten erhaltenen Fresko des Wandzyklus geschlagen wird: zur Beschneidung des Sohnes Mose in Peruginos *Reise des Mose nach Ägypten*[89].

Der Ungehorsam gegen das Gebot der Beschneidung[90] und damit gegen den mit Abraham geschlossenen Bund, dessen sichtbare Besiegelung die Beschneidung war, hätte Mose fast das Leben gekostet.[91]

Mit der Aufnahme der Thematik des *Dankopfers Noahs* verweist Michelangelo auf einen viel älteren Bund, von dem durch den Fluch Noahs die Nachkommen seines Sohnes Ham ausgeschlossen wurden. Die Bewohner des „Landes Hams" aber sind nach biblischem Verständnis[92] die Ägypter, deren Vernichtung im unteren Wandzyklus Rosselli im *Zug durch*

---

89 Abbildung in: Michelangelo und Raffael im Vatikan, S. 30/31.
90 1. Mose, 17, 1–14.
91 2. Mose 4, 24–26.
92 Psalm 105, 23;27.

das Rote Meer[93] darstellte. Dort hat sich Gott in der Feuer-
säule trennend zwischen das auserwählte Volk der Israeliten und die zum Verderben bestimmten Ägypter gestellt.

Eine optisch durchaus vergleichbare Trennung fällt sofort
auf bei Michelangelo in seiner Bildformulierung der *Ehernen Schlange,* der Zwickeldarstellung rechts über dem Altar.
In seiner *Sintflut* hat Michelangelo das Los der nicht zu
Auserwählten gehörenden Menschen in den Vordergrund
gerückt und in seiner *Trunkenheit Noahs* die Begründung für
das Los der zum Untergang bestimmten Ägypter aufgedeckt.

Mit dieser Bildformulierung schließt Michelangelo seinen
Deckenzyklus. Einmünden lässt er die Reihe seiner Sibyllen und
Propheten in die dramatische Gestaltung des Propheten Jonas,
der sich bittend an den Schöpfer des ersten Deckenfreskos wendet. Und er weist auf das Los derer hin, die nicht zu den Auserwählten gehören. Mit der Umkehr des ungehorsamen Propheten Jonas zum Fürbitter und damit zur wahren Präfiguration
Christi verweist Michelangelo auf Christus, der auf die Frage
nach dem höchsten Gebot antwortete: „Das höchste Gebot ist
das: Höre, Israel, der Herr, unser Gott, ist der Herr allein. Und
du sollst den Herrn, deinen Gott, lieben von ganzem Herzen,
von ganzer Seele, von ganzem Gemüt und von allen deinen
Kräften. Das andere ist dies: Du sollst deinen Nächsten lieben
wie dich selbst. Es ist kein anderes Gebot größer als dieses.“[94]

Damit war der Anschluss an den unteren Wandzyklus herge-
stellt, der von Gesetz und Verkündigung bestimmt ist und
in den neuen Bund durch Christus einmündet. Die Aussage des Bildprogramms erreichte ihren absoluten Höhepunkt
und ist in sich vollkommen geschlossen.

---

93 2. Mose 14, 1–31; Abbildung in: Michelangelo und Raffael im
    Vatikan, S. 27, Abb. 9.
94 Markus 12, 29–31.

Zusammenfassung des Programms

Die von vielen Interpreten gesehene Einteilung der Deckenfresken in drei Dreiergruppen findet ihre einheitliche
Erklärung aus dem inhaltlichen Zusammenhang und der
ausschließlichen Darstellung der die Geschicke der Entwicklung der Menschheit in ihrer Entstehungsphase be-
einflussenden Ereignisse. Die Deckenfresken handeln ausnahmslos vom Menschen. Damit entfällt die Schwierigkeit
der Zuordnung der ersten drei Fresken des Deckenspiegels
zu den einzelnen Schöpfungstagen.

Diese drei Bildfelder berichten – ableitbar aus dem der
Lyrik Michelangelos entnehmbaren Gedankengut – von der
bei der Erschaffung der Welt erfolgten Teilung der Zeiten
in Hell und Dunkel, von der Zuweisung des noch nicht er-
schaffenen einzelnen Menschen bereits in diesem Augenblick zu den unterschiedlich hellen Gestirnen und damit
von der Unterschiedlichkeit der den Menschen zufallenden
Lose. Es wird im dritten Fresko aber ebenfalls der letztlich
alle Völker umfassende Segen Gottes gezeigt.

Die zweite Dreiergruppe führt das Geschick des ersten
Menschenpaares vor Augen: In der *Erschaffung Adams* die
von Gott geschaffene, vollkommen makellose Schönheit des
Körpers Adams, die Lagerung auf abschüssigem Grund, der
die Anforderung impliziert ist, sich der zugewiesenen Lage
zu stellen, wobei die Körpersprache Adams seine mögliche
Schwachheit ahnen lässt.

In der *Erschaffung Evas* dann die sich sofort flehend an ihren Schöpfer wendende Eva. Die von der Bildtradition ab-
weichende Bildformulierung gibt in dem wie von Menschen-
hand gestutzten Baumstamm hinter dem schlafenden Adam
ein Voraussehen des zukünftigen Schicksals zu erkennen.

Das dritte Fresko dieser Gruppe *Sündenfall* und *Vertreibung aus dem Paradies* betont im *Sündenfall* die aktive Rolle Adams an der Übertretung des Gebotes Gottes, während die eher passive Haltung Evas erkennen lässt, dass sie sich ihrer Vorherbestimmung bewusst zu sein scheint. Die Bildformulierung betont die körperliche Zusammengehörigkeit der Menschen, die sich hier nicht nur in der Betonung der Gemeinsamkeit des Begehens der ersten Sünde ausdrückt.

Die unbedingte Zusammengehörigkeit dieser beiden ersten Menschen spiegelt sich dann in der *Vertreibung aus dem Paradies,* und der Verzicht auf die Verhüllung der Körper mit dem zu diesem Zeitpunkt eigentlich unerlässlichen Lendenschurz ist als Hinweis auf die den Fluch Noahs auslösende Betrachtung des nackten menschlichen Körpers zu sehen.

In der dritten Dreiergruppe mit der Darstellung der entscheidenden Ereignisse aus dem Leben Noahs wird die Chronologie auffällig unterbrochen, indem Michelangelo die *Sintflut* ins Zentrum rückt, in der das Los der zum Ertrinken Bestimmten in den Vordergrund gestellt wird. Das der *Sintflut* vorgeschaltete *Dankopfer Noahs* fand jedoch nach der Sintflut statt und beinhaltet ausdrücklich den Gottessegen für alle Geretteten. Den Schluss bildet die *Trunkenheit Noahs,* die dann den Fluch Noahs über die Nachkommenschaft seines jüngsten Sohnes Ham auslöst, weil dieser den Vater in dessen Trunkenheit mit unbedecktem Schoß gesehen hatte. Ein Fluch lässt sich nach biblischem Verständnis jedoch nur durch einen starken hinterher gesandten Segen – möglichst einen Gottessegen – neutralisieren.

Und um diesen lässt Michelangelo seinen Jonas bitten. Der Gedanke, seinen Jonas hier so auftreten zu lassen, kann nur tiefster persönlicher Empfindung entspringen und dem Bedürfnis, hier oben, in jahrelanger Isolation und unter schwersten körperlichen Bedingungen unter Einbringung seines ganzen Selbst und seiner eigenen Religiosität die flehentliche Bitte um Erneuerung der Tage vor Gott zu bringen. Michelangelo geht zurück bis in die tiefsten Tiefen der Menschheitsgeschichte und wendet sich an den Schöpfer, von dem er Rettung aus diesem Verhängnis erfleht. Die Berechtigung zu einem solchen Schritt und die Hoffnung auf Erfüllung können nur gegründet sein auf die Worte dieses Propheten[95] „... denn ich wusste, dass du gnädig, barmherzig, langmütig und von großer Güte bist und lässt dich des Übels gereuen."

Der Begriff des „freien Willens", mit dem jeder Mensch bei seinem Eintritt in diese Welt ausgerüstet ist, spielte in der Renaissance eine große Rolle und findet bei Michelangelo im Deckenzyklus der Sixtina seinen Niederschlag, sowohl in den auffälligen Bildformulierungen als auch in der Themenzusammenstellung.

Aus einer zunehmend sich steigernden persönlichen Ergriffenheit von der Tragweite der ins Bild umzusetzenden Gedanken und dem Bewusstwerden der ihm hier allein zufallenden Möglichkeit einer persönlichen Hinwendung zu Gott lässt sich sein unglaublicher Schaffensdrang erklären. Mit dem Symbol des unbedingten Gehorsams und der damit verbundenen Verheißung des Segens an alle Völker lässt Michelangelo seine Reihe der Medaillons enden, und sein Jonas erinnert den Schöpfer unmissverständlich an dieses Versprechen.

Am 24. Juli 1512 schrieb Michelangelo an seinen Bruder Buonarroto: „... Ich plage mich mehr als je ein Mensch vor mir, bei schlechter Gesundheit und erschöpft von dieser unerhörten Arbeit. Dennoch bleibe ich geduldig, um an das ersehnte Ziel zu gelangen."[96]

---

95 Jonas 4,2.
96 Murray, S. 65.

Abschluss der Arbeiten

Weniger geduldig war Papst Julius II. Er drängte auf Fertigstellung und ließ Michelangelo seine Ungeduld spüren. Immer wieder suchte er Michelangelo auf dem Gerüst auf und als er einmal sogar damit drohte, Michelangelo vom Gerüst zu werfen,[97] war es auch mit dessen Geduld zu Ende. Nach diesem Besuch des Papstes – am 31. Oktober 1512, dem Vorabend von Allerheiligen – wurde das Gerüst sofort abgebaut, auch wenn noch nicht alles ganz vollendet war. Am Allerheiligentag wurde das Werk enthüllt und der Öffentlichkeit zugänglich gemacht. Der Papst war hoch zufrieden[98] und ganz Rom begeistert. Der Bitte des Papstes, doch noch etwas Gold aufzusetzen, da es sonst ärmlich aussehen würde, widersetzte sich Michelangelo mit den Worten: „Die da gemalt sind, waren auch ärmlich."[99]

---

97 Condivi, XXXVIII., S. 48.
98 Ebda.
99 Condivi, XXXVIII., S. 49.

Das Julius-Grabmal –
Ein Drama in mehreren Akten

Am 20. Februar 1513 verstarb Julius II, nicht ohne vorher angeordnet zu haben, dass Michelangelo das Grabmal, das er bereits angefangen habe, vollenden solle. Die Sorge dafür übertrug er dem Kardinal Santi Quattro und seinem Neffen, dem Kardinal von Agen.[100] Michelangelo hoffte, nun endlich am Julius-Grabmal weiterarbeiten zu können. Doch den nunmehr für die Durchführung Verantwortlichen erschien die Planung zu gewaltig und sie veranlassten Michelangelo, neue Entwürfe vorzulegen. Ausmaße und Figurenanzahl wurden drastisch reduziert. In den Jahren 1513–1516 arbeitete Michelangelo dann intensiv am Grabmal. In dieser Zeit entstand auch sein *Moses*.[101]

Doch die Arbeiten waren noch nicht weit vorangekommen, als Giovanni de' Medici, der am 11. März 1513 zum neuen Papst gewählt worden war und Julius II. als Leo X. nachfolgte, 1516 die Idee hatte, seiner eigenen Familie, der Familie Medici, in Florenz ein Denkmal zu setzen und die Fassade der Kirche San Lorenzo in Florenz mit Werken und Arbeiten in Marmor durch Michelangelo vollenden zu lassen.

Michelangelo widersetzte sich zwar heftig, musste sich jedoch dem Willen des Papstes beugen, der Kraft seines Amtes sich gegen die Erben Julius II. durchsetzte und einen neuen Vertrag aushandelte, der es Michelangelo erlaubte, in seiner im Hinblick auf die umfangreichen Arbeiten an der Fassade von San Lorenzo neu eingerichteten Werkstatt in Florenz am Grabmal weiter zu arbeiten. Michelangelo

---

100 Condivi, XXXIX., S. 50.
101 Murrai, Michelangelo, S. 67 f.

ging nach Carrara, um Marmor nicht nur für die Fassade, sondern auch für das Grabmal zu beschaffen, in der Annahme, der Papst werde sich an die Vereinbarungen halten.[102]

Doch es kam anders. Der Papst hatte in der Zwischenzeit die Nachricht erhalten, „dass es in den Bergen von Pietrasanta, einem Kastell der Florentiner, Marmor gebe von derselben Schönheit und Güte wie in Carrara.[103] Der Papst forderte Michelangelo auf, die Angelegenheit vor Ort zu überprüfen. Dieser befand die Qualität des Marmors keinesfalls überzeugend und außerdem fehlten jegliche Zugangsmöglichkeiten. Es müsste eine Straße durchs Gebirge und durch sumpfiges Gelände gebaut werden, um den Marmor zum Abtransport zur Küste befördern zu können. Trotz all der zu erwartenden Schwierigkeiten befahl der Papst Michelangelo, diese Straße zu bauen. Und Michelangelo gehorchte. Die Straße wurde gebaut, der Marmor gebrochen, an die Küste und zum Teil nach Florenz geschafft, doch als Michelangelo selbst nach Florenz kam, hatte Leo X. seine Meinung geändert. Am 10. März 1520 wurde der Vertrag über die Marmorverkleidung der Fassade von San Lorenzo offiziell aufgelöst, „worüber Michelangelo sehr verbittert war."[104] Erst nach längerer Zeit „machte er sich in seinem Hause daran, mit einigen Marmorblöcken, die er noch besaß, das Grabmal fortzuführen."[105]

Am 1. Dezember 1521 starb Leo X. und unter seinem Nachfolger, Papst Hadrian VI., erhoben die Erben Julius II. schwerste Vorwürfe und Anschuldigungen gegen Michelangelo wegen Vernachlässigung der eingegangenen Verpflichtungen und Veruntreuung von Geldern. Michelangelo wurde nach Rom berufen.

---

102 Condivi XXXIX., S. 51.
103 Ebda.
104 Acidini Luchinat, Michelangelo der Bildhauer, S.146.
105 Condivi XI., S. 52.

Die Regierung in Florenz hatte zu diesem Zeitpunkt Kardinal Giulio de'Medici in Händen, der im Interesse seiner eigenen Familie auf jeden Fall verhindern wollte, dass Michelangelo sich auf den Weg nach Rom machte. Um Michelangelo in Florenz zu halten und zu beschäftigen, beauftragte er ihn, den Bibliotheksraum der Medici in San Lorenzo und die Sakristei mit den Grabmälern seiner Vorfahren zu gestalten. Er versprach, die Angelegenheit mit Hadrian VI. zu regeln.[106]

Doch dazu kam es offensichtlich nicht mehr, denn bereits am 14. September 1523 verstarb Papst Hadrian VI. und Kardinal Giulio de' Medici selbst wurde am 9. November 1523 zum Nachfolger gewählt. Er gab sich den Namen Clemens VII.Als Michelangelo erfuhr, dass der Herzog von Urbino, ein Neffe Julius II., sich in Rom über ihn heftig beschwerte unter Hinzufügung von Drohungen[107], unterbrach er die Arbeiten am Grabmal und machte sich auf den Weg nach Rom, um diese Angelegenheit mit Clemens VII. persönlich zu besprechen. Dieser riet ihm, die Bevollmächtigten des Herzogs rufen zu lassen, um eine genaue Abrechnung zu erstellen „über alles, was er von Julius erhalten, und über das, was er für ihn gemacht hatte; denn er wusste, dass Michelangelo, wenn man die Dinge abschätzte, eher der Gläubiger sein werde als der Schuldner. Michelangelo blieb nur ungern in Rom; und nachdem er einige seiner Angelegenheiten geordnet hatte, ging er nach Florenz zurück, hauptsächlich weil er die Zerstörung voraussah, die bald darauf über Rom kam."[108]

Verursacht durch das ungeschickte und unzuverlässige politische Verhalten des Papstes kam es zu kriegerischen Aus-

---

106 Condivi, S. 52.
107 Condivi, S. 52.
108 Condivi, XL., S. 53.

einandersetzungen mit Kaiser Karl V. und 1527 im „Sacco di Roma" zur grausamsten Verwüstung Roms, der sich der Papst nur durch die Flucht auf die Engelsburg entziehen konnte. Dann brach die Pest aus und das Heer zog sich zurück. Der Papst entkam völlig mittellos und schloss Frieden mit dem Kaiser, der „bestürzt war über die Untat, die er zugelassen hatte und seine spanischen Herrschaftsgebiete verurteilten uneingeschränkt die Rolle, die er im Schicksal der Heiligen Stadt gespielt hatte."[109]

Die Florentiner hatten sich in der Zwischenzeit von der ungeliebten Herrschaft der Medici-Nachkommen befreit und befürchteten nun einen Strafexpedition der Truppen des Papstes. Die Stadt rüstete sich zur Verteidigung. Murray schreibt: „Michelangelo befand sich in einer sehr prekären Lage. Er war ein standhafter Florentiner der älteren Generation, der unbedingt an das Recht der Stadt zur Selbstverteidigung glaubte. Gleichzeitig war er aber auch mit dem Papsttum eng verbunden und damit beschäftigt, die Medici durch seine Arbeit an den Grabmälern in der Medicikapelle zu verherrlichen. Trotz seiner Loyalität nach beiden Seiten erbot sich Michelangelo sofort, den Entwurf der Befestigung zu übernehmen, und nachdem er das unentgeltlich und mit vollem Einsatz länger als ein Jahr getan hatte, wurde er im Januar 1529 durch eine Urkunde, die höchst übertriebene Lobpreisungen enthielt, zum „Oberaufseher und Generalprocurator für die Errichtung und Befestigung der Stadtmauern wie auch für alle Verteidigungsmaßnahmen" ernannt."[110]

Doch es gab auch Kräfte in Florenz, die an der Vertrauenswürdigkeit Michelangelo zweifelten. Nach einer persön-

---

109 Linda Murray, S. 120/121.
110 Linda Murray, S. 121.

lich ihm heimlich überbrachten Warnung verließ Michelangelo in akuter Lebensgefahr Hals über Kopf Florenz und setzte sich nach Venedig ab, kehrte jedoch nach Aufhebung der über ihn verhängten Ächtung und der Zusicherung freien Geleits nach Florenz zurück. Florenz fiel durch Verrat in die Hände der Belagerer. Der mit den Bevollmächtigten des Kaisers und des Papstes ausgehandelte Vertrag, der der Stadt Unversehrtheit und denen, die gegen die Medici gekämpft hatten, eine Amnestie zubilligte, wurde nicht eingehalten. Mehrere der prominentesten Mitglieder der Signoria wurden enthauptet, viele gefangengesetzt oder aller Hilfsmittel beraubt und Michelangelo erklärte man für vogelfrei.[111] Er versteckte sich mit Hilfe eines guten Freundes.

Nach Beruhigung der Lage schrieb Papst Clemens VII. nach Florenz, „Michelangelo solle gesucht werden, und bestimmte, wenn er gefunden sei und die Arbeit an den bereits begonnenen Grabmälern fortsetzen wolle, solle man ihn freilassen und ihm Höflichkeit erweisen. Als Michelangelo dies hörte, kam er hervor ...“[112]

Noch vor Beendigung der Arbeiten in der Medici-Kapelle berief der Papst Michelangelo jedoch nach Rom. Und sofort nach Eintreffen Michelangelos begannen die Streitigkeiten mit den Agenten des Herzogs von Urbino bezüglich der Ausführung des Julius-Grabmals von neuem. Michelangelo, der sich durch die ständigen Beschuldigungen in seiner Ehre gekränkt fühlte, der aber auch „Liebe und Ehrfurcht für die Gebeine des Papstes Julius II. und das erlauchte Haus derer von Rovere empfand“[113], setzte alles daran, in Rom zu bleiben, um diese unangenehme Angelegenheit

---

111 Linda Murray, S. 123.
112 Condivi, XLIV., S. 55 f.
113 Condivi, XLVIII., S. 60 f.

aus der Welt zu schaffen. Beim Überprüfen der Zahlungs-
belege stellte sich dann heraus, dass mehr als zwei Drittel
der vertraglich festgesetzten Zahlung fehlten. Michelangelo erklärte sich bereit, trotz seines vorgeschrittenen Alters
das Grabmal auszuführen unter der Bedingung, dass festge-
legt werde, wer für die restlichen Zahlungen aufkommen
muss. Doch dazu erklärte sich niemand bereit. Vor Gericht
wurde dann beschlossen, für das gezahlte Geld ein Grabmal von nur einer Front zu erstellen, sich dabei der bereits
vorhandenen Marmorblöcke zu bedienen und sechs Statuen von eigener Hand einzustellen. Dem Papst wurde zu-
gesprochen, Michelangelo vier Monate im Jahr in Florenz
beschäftigen zu dürfen.[114]

Doch nachdem Michelangelo vier Monate in Florenz gearbeitet hatte und nach Rom zurückkehrte, versuchte der
Papst, ihn in Rom zu halten, indem er ihn mit der Ausführung des *Jüngsten Gerichts* an der Altarwand der Sixtinischen Kapelle beauftragte. Condivi berichtet: „Michelangelo, der sich der Verpflichtung bewusst war, die er gegen
den Herzog von Urbino hatte, versuchte der Sache auszu-
weichen, so gut er konnte; da er sich nicht frei zu machen
vermochte, zog er die Sache in die Länge, und, indem er
vorgab, mit den Kartons beschäftigt zu sein, wie er es zum
Teil auch war, arbeitete er heimlich an jenen Statuen, die
auf das Grabmal kommen sollten."[115]

Am 25. September 1534 verstarb Clemens VII. und Al-
lessandro Farnese trat am 13. Oktober 1534 als Papst Paul III.
seine Nachfolge an. Er wünschte sofort, dass Michelangelo für ihn arbeiten sollte. Michelangelo wehrte sich wieder
einmal entschieden unter Hinweis auf den mit dem Her-

---

114 Condivi, XLVIII., S. 60 ~f.
115 Condivi, S. 62.

zog von Urbino beschlossenen Vertrag, an den er sich gebunden fühle, bis die Arbeit beendet sei.[116] Doch Paul III. bestand auf seinem Entschluss, Michelangelo das vollenden zu lassen, was dieser unter Clemens VII. begonnen habe.[117]

Paul III. erwirkte bei den Agenten des Herzogs von Urbino einen neuen Vertrag, der die eigenhändige Ausführung von lediglich drei Statuen vorsah und die Vergabe der anderen drei an andere Künstler erlaubte. Und der Herzog von Urbino – „der darin dem Papst nicht missfällig sein wollte"[118] –, unterzeichnete diesen Vertrag. Damit war der Weg frei für Michelangelo und das *Jüngste Gericht*. Während dieser Zeit ruhten die Arbeiten für das Julius-Grabmal.

Am 25. Dezember 1541 wurde das *Jüngste Gericht* enthüllt, aber Papst Paul III. belegte Michelangelo sofort mit einem neuen, umfangreichen Auftrag: den beiden großen Fresken mit der *Bekehrung Pauli* und der *Kreuzigung Petri* in seiner neu errichteten Privatkapelle, der Capella Paolina.

Michelangelo war erschöpft von der gewaltigen Arbeit am *Jüngsten Gericht*, bei der ihm lediglich sein treuer Diener Urbino als Farbenreiber und Gehilfe zur Seite stand. Und es bedrückten ihn die bezüglich der Ausführung der Arbeiten am Julius-Grabmal getroffenen Vereinbarungen, nach denen die Arbeiten nach Fertigstellung des *Jüngsten Gerichts* unverzüglich wieder aufgenommen werden sollten.

Aber Papst Paul III. bestand auf seinem Wunsch, seine neue Kapelle mit den beiden großen Fresken ausmalen zu lassen, eine Arbeit, von der Michelangelo wusste, dass sie Jahre in Anspruch nehmen würde.

---

116 Condivi, S. 62.
117 Condivi, S. 65.
118 Condivi, S. 53.

Murray berichtet: „Michelangelo war nun ein Siebziger und erschöpft, bot aber dennoch an, er wolle die Vervollständigung des Grabmals mit dem *Moses* überwachen, den der Papst bei einem Besuch in Michelangelos Werkstatt so sehr bewundert hatte und der, wie Kardinal Gonzaga aus Mantua vorgeschlagen hatte, als Denkmal für Julius II. vollkommen angemessen sein werde.[119]

Am 20. Juli 1542 ließ Michelangelo, um der ganzen schrecklichen Affäre eine rechtliche Grundlage zu geben, ein Gesuch an Papst Paul III. richten, um seine Entlassung aus jedem Kontrakt zu erwirken, der zwischen ihm und dem Herzog von Urbino geschlossen worden sei.[120]

In diesem Gesuch Michelangelos ist ein wichtiger, die endgültige Zusammenstellung der Statuen für das Julius-Grabmal betreffender Absatz enthalten. Dort heißt es: „... Es blieb ihm die eigenhändige Vollendung der drei Statuen übrig, nämlich eines *Moses* und zweier *Gefangener,* welche alle drei fast vollendet sind. Aber weil die erwähnten beiden *Gefangenen* angefangen wurden, als das Werk in größerem Umfang geplant war, ... so passen sie daher nicht in dieses Projekt, können sich auch in keiner Weise gut ausnehmen. Daher nahm genannter Herr Michelangelo, um seine Ehre nicht zu schmälern, zwei andere Statuen in Angriff, welche zur Seite des *Moses* kommen sollen, nämlich *Das beschauliche Leben* und *Das tätige Leben,* welche ziemlich weit fortgeschritten sind, so dass sie mit Leichtigkeit von anderen Meistern vollendet werden können.“[121]

Dem Gesuch Michelangelos wurde weitgehend entsprochen. Der Vergabe der Arbeiten zur Vollendung dieser

119 Condivi, LI., S. 65.
120 Murray, S. 167.
121 Murray, S.168.

beiden Statuen an andere Meister versagte der Herzog von Urbino jedoch seine Zustimmung und forderte eine eigenhändige Endausführung durch Michelangelo. Und diesem Verlangen musste Michelangelo nachgeben.

Diese beiden Frauenfiguren, interpretiert als *Das beschauliche Leben* und *Das tätige Leben (Vita contemplativa* und *Vita activa)*, gehörten bereits zur ursprünglichen Planung des Julius-Grabmals. Fest steht, dass sie von Anfang an als Standfiguren für das Untergeschoss vorgesehen waren.[122]

Der in der Renaissance geläufigen Deutung der Vita contemplativa und der Vita activa als die beiden Wege zu Gott steht die biblische Deutung als Rahel und Lea gegenüber: Lea, die wenig attraktive, ungeliebte und mit dem Erzvater Jakob auf Grund der dort herrschenden Sitte gegen seinen Willen praktisch mit ihm zwangsverheiratete Frau, und ihre jüngere Schwester Rahel, die begehrte, schöne und geliebte Frau, um die Jakob sieben Jahre bei seinem zukünftigen Schwiegervater Laban gedient hatte (1. Mose 29).

Michelangelo hat beide liebevoll gestaltet: *Lea* im Gegensatz zum biblischen Bericht auffallend schön, steht mit beiden Beinen fest auf dem Boden und ist mit sorgfältig gestaltetem Gewand und aufwendiger Frisur versehen. Sie blickt nicht in den ihr beigegebenen Spiegel, sondern hat den leicht nach rechts geneigten Kopf gesenkt und ihr Gesichtsausdruck verrät eher Resignation und Traurigkeit als Tatkraft und aktiven Gestaltungswillen. *Rahel* dagegen vergeistigt, mit gefalteten Händen gen Himmel blickend, mit einem Gewand, das an das einer Nonne erinnert und, wie Condivi schreibt, „dass sie in jedem ihrer Teile Liebe atme."[123]

---

122 Acidini Luchinat, S. 251.
123 Condivi, S. 64.

Die Tatsache, dass sie weit fortgeschritten in der Werkstatt standen, lässt den Schluss zu, dass sie thematisch Michelangelo von Anfang an wichtig waren und als gedanklich bedeutender Bestandteil bereits zur ursprünglichen Planung des Julius-Grabmals gehörten. Mit der Einbindung dieser Thematik schließt er eindeutig an die Zeit Julius II. an, in der die Ausführung des Julius-Grabmals der Gestaltung der Decke der Sixtinischen Kapelle weichen musste. Im oberen Bereich erinnert die Aufnahme einer Sibylle und eines Propheten an die Decke der Sixtina, und in der unteren Zone nimmt Michelangelo in der liebevollen und gleichwertigen Ausgestaltung von *Lea* und *Rahel* Bezug auf den Ausgangsgedanken der Decke der Sixtina, der unterschiedlichen Ausrüstung der Menschen schon bei ihrer Geburt, wie er im eingangs zitierten Gedicht *Colui que fece, e non di cosa alcuna* seine Gedanken zum Ausdruck brachte. In Strophe zwei heißt es dort: *„Da fielen jedem seine Lose, Glück und Stern im gleichen Augenblicke zu"*, Gedanken, die ihren Niederschlag und ihre Durchführung in den neun Deckenfresken fanden und die Michelangelo in der *Trunkenheit Noahs* einmünden lässt in seine Hoffnung auf Einigkeit unter Brüdern.

Im Julius-Grabmal (**Abb. 29**) umrahmen nun die beiden ungleichen Schwestern gleichwertig Michelangelos überlebensgroßen, erschütternden Moses, „... des Führers und Feldhauptmanns der Hebräer, welcher dasitzt in der Haltung eines Denkers und Weisen, unter dem rechten Arm die Gesetzestafeln und mit der linken sich das Kinn stützend wie ein müder und sorgenvoller Mann ..."[124]

Moses, dem Auserwählten Gottes und Überbringer der göttlichen Gesetze, ist in der Sixtinischen Kapelle im unteren Wandbereich im Freskenzyklus des 15. Jahrhunderts

---

124 Condivi, S. 63 f.

die ganze linke untere Kapellenhälfte gewidmet, und zwar in Gegenüberstellung mit Christus auf der rechten Seite. Eingeleitet wurden diese Zyklen ursprünglich auf der Altarwand – links mit der *Auffindung des Mose* und rechts mit der *Geburt Christi*. Diese beiden Fresken fielen später Michelangelos *Jüngstem Gericht* zum Opfer.

Heute beginnt der Moses-Zyklus auf der linken Längswand mit der Darstellung von *Moses Rückkehr nach Ägypten*. Moses, der auf Gottes Geheiß die Rückkehr nach Ägypten antritt, führt den Zug seiner Familie an. Im Bildmittelpunkt tritt ihm jedoch der Gottesengel mit dem Schwert in der Hand in den Weg, um ihn zu töten, da er das Gottes-Gebot der Beschneidung nicht eingehalten und damit den Bund Gottes mit dem Volk Israel gebrochen hatte. In der rechten unteren Bildecke dann die Rettung: Zippora, Moses Ehefrau, vollzog sofort mit einem scharfen Stein die Beschneidung ihres zweiten Sohnes. (2. Mose 4, 24–26; 1. Mose 17).

Hier könnte der Grund für Gedanken fassbar werden, die Michelangelo bereits für die ursprüngliche Planung des Julius-Grabmals bewegten, die er nach Aufgabe dieses Projekts in den Deckenzyklus der Sixtinischen Kapelle aufnahm und voll ausführte – sowohl das Voraugenführen der Schwäche des Menschen – auch des von Gott auserwählten – im Deckenzyklus Adam und Noah – als auch die wichtige Rolle der ihm beigefügten Gefährten – im unteren Wandzyklus Moses Ehefrau Zippora mit ihrem beherzten Eingreifen, im Deckenzyklus Eva im Gegensatz zur angedeuteten Schwäche Adams in ihrer sofort sich bittend dem Schöpfer entgegen drängenden Haltung und im abschließenden Deckenfresko, der *Trunkenheit Noahs,* die unübersehbare Eintracht der drei vom Vater so unterschiedlich bedachten Söhne Noahs.

Nach all den Schwierigkeiten um das Julius-Grabmal entstand durch das späte Eingreifen Michelangelos bezüglich der Figurenzusammenstellung letztlich doch noch ein

Werk, das trotz aller Reduzierungen inhaltlich den Anschluss an das von ihm entwickelte Gedankengebäude der Sixtina zu erkennen gibt.

Im Februar 1545 brachte man die Statuen schließlich nach San Pietro in Vincoli zum Einbau in das Monument. Heute verharren die Besucher bewundernd und berührt vor diesem Werk (Abb. 29), das zum Nachdenken anregt und Michelangelo durch die Gestaltungsidee und die eigenhändige Ausführung der drei unteren Statuen alle Ehre macht.

Ehre und Kritik

Noch während der Arbeiten am *Jüngsten Gericht* hatte Papst Paul III. Michelangelo am 1. September 1535 zum Obersten Architekten, Bildhauer und Maler des Apostolischen Palastes ernannt, und zwar auf Lebenszeit. Und die Aufträge, die Michelangelo erteilt wurden, waren so unterschiedlich, vielgestaltig und anspruchsvoll, dass sie die folgenden Lebensjahre Michelangelos beinahe vollständig in Anspruch nahmen. Den schwierigsten aber auch zugleich ehrenvollsten Auftrag erhielt Michelangelo bereits 1546, als Papst Paul III. ihn nach dem Tod von Antonio da Sangallo dem Jüngeren zum obersten Baumeister von St. Peter ernannte. Bei der Bauarbeiterschaft, die unter Sangallo gearbeitet hatte, stieß Michelangelo auf heftigsten Widerstand und hatte große Schwierigkeiten, seine eigenen Vorstellungen durchzusetzen.

Auch die Ausführung des *Jüngsten Gerichts* erregte zum Teil heftigste Kritik. Glühenden Bewunderern der Größe Michelangelos standen die Kritiker der zur Schau gestellten Nacktheit gegenüber. Besonders schmerzlich traf es Michelangelo, dass Kritik ebenfalls aus den Reihen eines ihm persönlich nahestehenden Reformerkreises kam, die in dem Fresko eine Beleidigung Christi und somit Ketzerei sahen. Doch Papst Paul III. stellte sich immer wieder schützend vor Michelangelo. Mit Papst Paul IV. kam 1555 jedoch ein entschiedener Gegner auf den Stuhl Petri. Er forderte Michelangelo schroff auf, das Fresko zu verbessern. Michelangelo antwortete mit gleicher Schroffheit: „Sagt dem Papst, das ist eine Kleinigkeit und kann leicht bewerkstelligt werden; er möge die Welt verbessern, dann werden die Bilder sogleich von selbst besser werden."[125]

---

125 Vasari 1568, 7.240, zit. nach Murray, S. 166.

In seinem Schreiben vom 18. Dezember 1556 teilte Michelangelo Giorgio Vasari aus Florenz, den er in diesem Briefverkehr als seinen Freund bezeichnete, mit, dass er sich offensichtlich von seinen ganzen arbeitsmäßigen Verpflichtungen frei gemacht hatte, um zu sich selbst zu finden. „… Ich hatte mir vor kurzem mit großer Mühe und vielen Kosten ein reines Vergnügen verschafft, indem ich den Einsiedlern in den Bergen von Spoleto einen Besuch abstattete, mit dem Erfolg, dass weniger als mein halbes Ich nach Rom heimkehrte; denn, wahrhaftig, Frieden findet man nur in den Wäldern …"[126]

Michelangelo kehrte gestärkt von dieser Reise zurück. Das ist in den an Vasari gerichteten Zeilen deutlich zu spüren. In Rom erwarteten ihn seine übernommenen Verpflichtungen; vor allem die Vollendung des Neubaus von St. Peter, die er gewissenhaft und verantwortungsbewusst erfüllte, soweit und solange es seine Kräfte erlaubten.

In seiner eigenen Werkstatt stand zu diesem Zeitpunkt eine unvollendete, für sein eigenes Grabmal bestimmte Skulptur, die *Pietà Bandini,* heute in Florenz.

---

126 Heinrich Koch, Michelangelo, Briefe-Gedichte-Gespräche, S.121.

Die Pietà Bandini (Abb. 30)

Vasari erwähnt in seiner Michelangelo-Vita von 1550 eine Gruppe von vier Figuren, an der Michelangelo in seinem Hause arbeitete, die einen „vom Kreuz abgenommenen Christus" zum Thema hatte.[127]

Condivi weiß 1553 mehr zu berichten. Dort heißt es: „Jetzt hat er eine Arbeit in Marmor unter den Händen, die er zu seinem Vergnügen macht als einer, der, voll von Entwürfen notwendig alle Tage irgendeinen ans Tageslicht bringen muss. Es ist eine Gruppe von vier Figuren, mehr als lebensgroß, nämlich ein vom Kreuz genommener Christus, als Toter gestützt von seiner Mutter, die man dem Körper sich unterschmiegen sieht mit Brust, Armen und Knie, in wunderbarer Gebärde, wobei ihr aber von oben Nikodemus behilflich ist, der, aufgerichtet und fest auf den Beinen, ihn unter den Armen aufhebt, rüstige Kraft zeigend, und eine der Marien auf der linken Seite, die, obwohl sie sich sehr bekümmert zeigt, nichtsdestoweniger den Dienst zu tun nicht versäumt, den die Mutter vor äußerstem Schmerz nicht leisten kann. Christus, sich selbst überlassen, sinkt hin, alle Glieder gelöst, ... Es wäre ein Ding der Unmöglichkeit, die Schönheit und die Empfindungen zu beschreiben, die auf den schmerzlichen und traurigen Gesichtern sowohl aller anderen wie der bekümmerten Mutter zu sehen sind, daher mag dies genügen. Ich möchte noch sagen, dass es etwas ganz Außergewöhnliches ist und eine der mühevollsten Arbeiten, die er bis jetzt gemacht hat, hauptsächlich weil alle Figuren

---

127 Acidini Luchinat, Michelangelo, der Bildhauer, S. 267.

klar unterschieden sind und die Gewänder der einen sich nicht vermengen mit denen der anderen."[128]

Vasari weiß 1568 in seiner zweiten, überarbeiteten und vervollständigten Ausgabe der Vite mehr zu berichten. Diese Gruppe wird nun als *Pietà* bezeichnet. Aus unbekannten Gründen[129] zerschlug Michelangelo selbst diese Gruppe, die – wie es heißt – für sein eigenes Grabmal bestimmt war, und schenkte sie dann seinem Diener Antonio del Francese di Castel Durante. Als der junge Bildhauer Tiberio Calcagni, der seit dem Tod von Urbino Michelangelo als Assistent zur Seite stand, von der zerschlagenen Skulptur hörte, berichtete er seinem Gönner, dem Bankier Francesco Bandini, darüber, von dem er wusste, dass er gern ein Werk von Michelangelos Hand besitzen würde. Die Überlassung kam zustande und Michelangelo gab seine Einwilligung, Calcagni die *Pietà* mit Hilfe seiner Modelle vollenden zu lassen. Calcagni fügte die Skulptur wieder zusammen und schuf einige Teile neu, wobei nicht bekannt ist, welche. Da alle drei Beteiligten kurz darauf verstarben – Bandini 1562, Michelangelo 1564 und Calcagni 1565 – blieb die Figurengruppe „unvollendet", so wie sie heute in Florenz im Museo dell'Opera del Duomo der Nachwelt überliefert ist.[130]

---

128 Condivi, LIV., S. 69.
129 Die in der Literatur immer wieder anzutreffende Äußerung, der Grund sei ein Fehler im Marmor gewesen, ist quellenmäßig nicht belegt.
130 Acidini Luchinat, S. 267.

Die Pietà Rondanini (Abb. 31)

Das letzte Werk Michelangelos ist die *Pietà Rondanini,* so genannt nach ihrem Besitzer, der Familie Rondanini. Sie wurde 1952 an die Stadt Mailand verkauft, die sie im Castello Sforzesco ab 1956 der Öffentlichkeit zugänglich machte. Erst in den neunziger Jahren des zwanzigsten Jahrhunderts rückte sie in das Interesse der Historiker und Kunsthistoriker, die sie teilweise als „Werk eines senilen Alten" einstuften.[131] Weder bei Vasari (1550) noch bei Condivi (1553) ist diese Statue erwähnt, woraus geschlossen werden kann, dass der Beginn der Arbeit später anzunehmen ist. Erstmals erwähnt wird sie bei Vasari in der Ausgabe der *Vite* von 1568. Acicidini Luchinat schreibt dazu, „... dass Michelangelo nach einer neuen Beschäftigung suchte, nachdem er die *Pietà Bandini* zerschlagen hatte, und zitiert Vasari wörtlich: „Daraufhin musste Michelangelo (...) irgendeinen Marmor finden, damit er jeden Tag einige Zeit mit Meißeln verbringen konnte. Er nahm einen anderen Marmorblock in Angriff, in dem er schon in groben Zügen eine weitere *Pietà* herausgeschlagen hatte, die sehr viel kleiner und auch sonst verschieden von jener anderen war.[132] Mit „jener anderen" ist zweifellos die *Pietà Bandini* gemeint, von der Michelangelo sich deutlich vor ihrer Vollendung distanzierte, indem er Teile zerschlug und die Figurengruppe letztlich seinem Diener schenkte.

An seiner letzten Pietà, der *Pietà Rondanini,* arbeitete Michelangelo bis wenige Tage vor seinem Tode und hinterließ

---

131 Acidini Luchinat, S. 288.
132 Acidini Luchinat, S. 288.

sie 1564 unvollendet. Und sie ist nicht nur unvollendet, sondern zeigt deutlich, dass auch sie ursprünglich vollkommen anders angedacht war. Ein stehengebliebener Arm legt davon Zeugnis ab und lässt die Vermutung zu, dass diese Gruppe wesentlich größer und ganz anders war und sich bereits in einem fortgeschrittenen Zustand befand, als Michelangelo seine Gestaltungsabsicht änderte. Der Oberkörper des toten Christus ist nun nicht mehr in sich zusammengesunken, wie der erhaltene Arm der ersten Fassung vermuten lässt, sondern aufgerichtet. Der Kopf Christi hängt nicht leblos herab, sondern zeigt ebenfalls diese Aufrichtungstendenz, und neigt sich leicht nach links dem Haupt der hinter Christus stehenden Figur entgegen. Diese hat das Stützungsmotiv vollkommen aufgegeben – im Gegenteil – ihr gebeugter linker Arm klammert sich praktisch an den Körper Christi, wobei ihr Unterarm den neu im Ansatz herausgearbeiteten linken Arm Christi kreuzt, der sich nach hinten wendet und den Körper der hinter ihm stehenden Gestalt umfängt. Die ganze Schulterpartie Christi wurde neu gestaltet. Auch die Andeutung des rechten Arms zeigt nach rückwärts und die beiden Körper scheinen miteinander zu verschmelzen. Der Körper Christi wurde drastisch reduziert und spiegelt das ganze Leiden des Gottessohnes wider.

Außer dem Rest des rechten Arms blieben nur die kräftigen Beine Christi aus der Erstfassung erhalten und bekommen nun durch die veränderte Körper- und Kopfhaltung Christi eine völlig neue Bedeutung. Es ist nun nicht mehr das kraftlose Hinabgleiten in ein angenommenes Grab. Betrachtet man die Fußhaltung Christi im Zusammenklang mit den neuen Gegebenheiten, so hängt zwar das rechte Bein noch ziemlich haltlos im Raum und kreuzt das linke Bein, wodurch der optische Eindruck des Gleitens erhalten bleibt. Der linke Fuß jedoch ist fest aufgestemmt und das kräftige linke Bein Christi stützt den ausgemergelten, jetzt aufrechten Körper Christi mühelos. Der Eindruck des Gleitens ist erhalten geblieben, die Richtung jedoch hat sich genau ins Gegenteil gewendet. Eine gedankliche und damit auch eine gestalterische Umkehr hat stattgefunden. Die Forschung berichtet, dass Michelangelo wenige Tage vor seinem Tod stehend an der Skulptur gearbeitet und den Körper dieser Pietà studiert habe.[133] Die Wortwahl dieses Berichtes legt nahe, dass der Künstler intensiv die subtile Richtungsgebung des Körpers Christi überprüfte und – dass er sein Werk akzeptierte, denn er griff nicht zu Hammer oder Meißel wie bei der *Pietà Bandini*.

Nun geht es aufwärts und damit fließt der Gedanke der Auferstehung ein. Und an diesen aufwärts strebenden Christus klammert sich eine zweite Gestalt, die lediglich im oberen Bereich in der liebevollen und innigen Hinwendung zum Kopf des Sohnes den Gedanken an Maria aufkommen lässt. Die verhältnismäßig starken Beine und das bis über das Knie geöffnete Gewand dieser Gestalt ließen in der Forschung den Gedanken aufkommen, dass es sich in der Erstfassung um einen Mann gehandelt haben müsste, „weil die Figur eine kurze Tunika trägt, die das linke Bein frei lässt, was bei einer Frau unmöglich wäre."[134] Doch ist dieses Gewand wirklich eine kurze Tunika? Erinnert es nicht vielmehr an das Gewand der Maria Magdalena von Donatello und damit an ein Büßergewand? Auch bei Donatellos Maria Magdalena[135] wurden die Beine bis weit über die Knie sichtbar gelassen, und dieses Werk Donatellos war Michelangelo mit Sicherheit seit seiner Jugend bekannt. Die kräftigen Beine sprechen jedoch für das Einfließen des Gedan-

---

133 Acidini Luchinat, S. 288.
134 Acidini Luchinat, S. 288, unter Hinweis auf Paoletti 2000, S. 63.
135 Abb.: Stützer, Die Italienische Renaissance, S. 87.

kens an einen Mann. Es drängt sich hier die Erinnerung an die letzte Strophe von Michelangelos Gedicht *Vorrei voler, Signor, quel ch'io non voglio*[136] auf, in der Michelangelo sich selbst als „*tuo bella sposa*", als Christi „*Seelenbraut*" bezeichnet. Dort heißt es:

Ich will, Herr, wollen, was ich nicht ertrage.
Mein eisiges Herz ist von der Glut getrennt
Durch einen Schleier, dass sie nicht mehr brennt;
Mein Dichten trügt, und Lug ist, was ich sage.

Ich lieb' dich mit der Zunge, und ich klage
Alsdann, dass Liebesglut mein Herz nicht kennt;
O dass ich doch das Tor der Gnade fänd',
Die den erbarmungslosen Stolz verjage.

Lass, Herr, den Schleier, lass die Wand zerreißen,
Dass ihre Härte dieser dunklen Welt
Die helle Sonne deines Lichts nicht kühle.

Schick das zukünftige Licht, das du verheißen,
Der Seelenbraut, damit von dir erhellt,
Das Herz, des Zweifels ledig, dich nur fühle.

Es liegt nahe, diese Gedanken in das letzte Werk Michelangelos eingeflossen zu erkennen. Verschwunden sind dann zu diesem späten Zeitpunkt alle persönlichen Zweifel. Die Skulptur drückt absolute Glaubensgewissheit, Hoffnung und Liebe aus.[137]

---

136 Engelhard, Michelangelo-Gedichte, S. 130 f.
137 NT, 1. Korinther 13,13.

Es geht Michelangelo in diesem Gedicht aber nicht nur um sich selbst, seine eigene als nicht ausreichend empfundene Liebe und seinen „erbarmungswürdigen Stolz", sondern auch um seine Bitte für die „dunkle Welt" – eine Bitte, die er bereits in jungen Jahren an der Decke der Sixtinischen Kapelle seinen *Jonas* wie einen Hilfeschrei an den Schöpfer hatte richten lassen.

An dieser Skulptur erinnert nichts mehr an Michelangelos Leitgedanken, die Schönheit, wie er in der *Pietà Bandini* formbestimmend und wahrscheinlich auch in der Erstfassung der *Pietà Rondanini* noch vorhanden war. Sie wirkt in ihrer Kargheit wie aus der Zeit gefallen – so modern – und der heutigen Zeit zugehörig. War schon die *Pietà Bandini* eher eine „Kreuzabnahme", die *Pietà Rondanini* ist unter gar keinen Umständen eine „*Pietà*" – eine Gottesmutter, die ihren toten Sohn auf dem Schoß hält. Die Figur hinter dem Christuskörper stützt diesen keinesfalls wie in einer „Kreuzabnahme" oder einer „Grablegung", sondern hat vertrauensvoll ihren Arm um die Schulter Christi gelegt, während dessen Arme sie rückwärtig umfangen und damit ein „Mitnehmen" in die Auferstehung signalisieren.

Die These, dass zunehmende Senilität die letzten Lebensjahre Michelangelos geprägt und ihren Niederschlag in der Gestaltung der *Pietà Rondanini* gefunden haben könnte, ist grundsätzlich abzulehnen, stammen doch gerade aus diesen Jahren die tiefgründigsten, ergreifendsten und gedanklich klar formulierten Gedichte des Künstlers.

Bekenntnis und Botschaft

In seinem Gedicht *Ben sarien dolce le preghiere mie,* gibt Michelangelo zu erkennen, welcher Quelle seine Werke entspringen. Dort heißt es:

Voll süßen Klangs würd' mein Gebet dir sein,
Hättest du nur Kraft zum Beten mir gegeben.
Aus meinem trocknen Boden wächst kein Leben,
Kann keine Frucht aus eigener Kraft gedeihn.

Du bist der Samen frommer Werk' allein,
Die von dir ausgestreut sich nur erheben.
Niemand vermag aus sich dir nachzustreben,
Weist du ihm nicht die heiligen Wege dein.[138]

Weisung für seinen Lebensweg empfing Michelangelo seit seinen Jugendjahren aus der Heiligen Schrift, der Bibel, die für ihn das Buch der Bücher war. Aus dieser, seiner religiösen Überzeugung machte er zeit seines Lebens keinen Hehl. Sie spiegelt sich nicht nur in seinen Werken, sondern in seiner ganzen Lebenshaltung. In seinem letzten Werk hat Michelangelo sich selbst ganz zurückgenommen – im Gegensatz zur *Pietà Bandini,* in der er dem Nikodemus seine eigenen Gesichtszüge gegeben hatte und der ganzen Gruppe schützend und stützend unter die Arme griff – so wie er selbst es im tätigen Leben in jeder Hinsicht immer praktiziert hatte. Die Quellen berichten darüber ausführlich.[139]

---

138 Engelhard, Nr. 292, S. 345.
139 Condivi, LXVI-LXVII., S. 82ff.

Die *Pietà Rondanini* ist sein in tiefster Glaubensgewissheit dem Marmor abgerungenes Bekenntnis zur Umkehr, der Abwendung vom Bisherigen. In seinem letzten Werk bekennt er sich zu den Werten, die für ihn die tragenden Kräfte seines Leben waren – sein Glaube, der ihn sicherlich letztlich auch zur Formulierung dieses so ungewöhnlichen Werkes bewegte; die Liebe, das große und schwierige Thema seines Lebens, fassbar in der innigen Zuneigung der Köpfe zueinander; das Vertrauen auf die Hilfe Christi in der Auferstehung und die Buße für alle Irrungen und Wirrungen im Laufe eines langen Lebens, in der Hoffnung auf Vergebung, wie es in seinen Gedichten immer wieder zum Ausdruck kommt.

Das Wort „Buße" klingt für den heutigen Menschen ungewohnt, altmodisch und ist aus dem Sprachgebrauch nahezu völlig verschwunden. Seine Bedeutung ist jedoch „Umkehr" und vor allem „Umdenken" – und damit als Begriff in der heutigen Zeit durchaus geläufig. Für Michelangelo bedeutete es Hinwendung zu Gott, von dem allein ihm Hilfe kam. Auch das sagen seine Gedichte.

Hinterlassen hat er uns sein Werk – und damit nicht nur die so viel bestaunte und bewunderte Kunst und Leistungsfähigkeit dieses Menschen Michelangelo, sondern in seinen Gedichten auch seine Gedanken, die ihn zur Schaffung seiner so bewunderten Werke bewegten. Diese Gedankenwelt erschließt sich uns heutigen Menschen nicht leicht. Zu viel ist uns verloren gegangen. Verloren gegangen ist uns inzwischen aber auch – im Hinblick auf den Zustand der heutigen Welt – der Glaube an die Größe des Menschen und seine unbegrenzten Möglichkeiten. Michelangelo hatte offensichtlich die Fähigkeit, klarer und weiter zu sehen. Immer wieder sprach er in seinen Gedichten von der „dunklen Welt". Bereits in jungen Jahren hatte er die Schwachheit und Hilfsbedürftigkeit des Menschen und die Bedeutung des eigenen Willens erkannt. In den Deckenfresken der Sixtinischen Kapelle offenbarte er dann mutig und wie aus innerem Zwang heraus seine eigene Sicht auf die Entwicklung der Menschheitsgeschichte und wies auf die Lösung der im Laufe der Zeiten sich verstärkenden Problematik. Er lässt über dem Altar der heiligsten Kapelle der katholischen Christenheit seinen – dem biblischen Bericht nach so störrischen – Propheten *Jonas* die erforderliche Umkehr vollziehen, indem er ihn sich um Hilfe flehend an den Schöpfer wenden lässt.

Am Ende seines Lebensweges steht dann die *Pietà Rondanini*. Michelangelo hatte lange um die endgültige Gestaltungsform dieses letzten Werkes gerungen, wie die Entwicklungsstufen von der vom Künstler selbst nicht akzeptierten *Pieta Bandini* und die Abkehr von der Erstfassung der *Pietà Rondanini* hin zu einer völlig anderen Gedanken- und Gestaltungsrichtung beweisen. Diese Skulptur ist nicht nur das in Stein gemeißelte persönliche Glaubensbekenntnis Michelangelos und das Zeugnis seines eigenen Umdenkens bis hin zur völligen Glaubensgewissheit. Ihre Botschaft schließt vielmehr unmittelbar an die Aufforderung zur Richtungsänderung in der Gestaltung seines *Jonas* in der Sixtinischen Kapelle an. Sie ist viel mehr als eine *Pietà*. Sie ist Michelangelos persönliches Vermächtnis an die Nachwelt und sein deutlicher Aufruf zur Umkehr. Ein Blick auf den Zustand der heutigen Welt, beherrscht von Macht- und Geldgier in allen ihren Erscheinungsformen, von Hass, Mord, Terror, von Krieg, Flucht, Vertreibung, von Zerstörung der Natur und des Klimas bis hin zur Androhung totaler Vernichtung unter Einsatz modernster Waffen lässt Michelangelos Vermächtnis und seine Aufforderung zur vollkommenen geistigen Richtungsänderung wichtiger denn je werden.

In der *Pietà Rondanini* klingen alle diese Gedanken wieder an und fließen in diesem letzten Werk Michelangelos zusammen, das sich keineswegs in die Schönheit seiner früheren Werke einreihen lässt, das aber in seiner Botschaft nach Umkehr und Umdenken eine einzige Herausforderung an die Nachwelt enthält, an diese Welt, die die gewaltige Leistung Michelangelos einstimmig bewundert und würdigt, eine Welt, in der nur noch Leistung und Gewinn zu zählen scheint, die sich aber dem Hören der Botschaft verschlossen hat.

Michelangelo lässt mit seinem Propheten *Jeremias* an der Decke der Sixtina an dessen Klagelieder und die dort enthaltene Bitte um die Erneuerung der Tage erinnern.[140] Bei Jeremia heißt es aber auch: So spricht der Herr: „Tretet an die Wege und seht, forscht nach den Pfaden der Vorzeit, welches der Weg des Heils sei; den geht, so werdet ihr Ruhe finden für eure Seele! Aber sie sprechen: Wir wollen's nicht tun!"[141]

Es ist also nicht nur die Bitte um Erneuerung der Tage, sondern auch die klare Aufforderung an die Bereitschaft des Menschen, nach diesen Wegen zu suchen und sie dann auch zu gehen. Der Begriff des „freien Willens", mit dem jeder Mensch seit seinem Eintritt in diese Welt, ausgerüstet ist, spielte in der Renaissance eine große Rolle und findet auch im Werk Michelangelos seinen Niederschlag. Der Glaube der damaligen Zeit an die Größe des Menschen, seine Leistungsfähigkeit und seine unbegrenzten Möglichkeiten bestimmte die folgenden Jahrhunderte der Entdeckungen und technischen Entwicklungen. Doch den Frieden konnte dieser Glaube an den Menschen bis heute nicht bringen.

In seinem Gedicht *Di morte certo, ma non già dell ora*, das mit zu den spätesten Handschriften zählt, schreibt Michelangelo:

---

140 Klagelieder, 5, 21–22.
141 Jeremia 6,16.

Des Todes sicher, aber nicht der Stunde,
Ist kurz das Leben, das mir's eingetränkt;
Der enge Raum, den Sinnen teuer, kränkt
Die Seele, die mich anfleht: Geh zugrunde.

Die Welt ist blind, mit ihr in üblem Bunde
Zerstört die Bosheit, was die Sitte lenkt.
Das Licht erlosch, mit ihm, was Kühnheit schenkt
Was falsch ist, siegt, was wahr, geht vor die Hunde.

Was, wer dir glaubt, erwartet, Herr, wann kommt's?
Dein allzulanges Zögern, ach, zerstört
Die Hoffnung uns und lässt die Seele sterben.

Das Licht, das du verheißen hast, was frommt's,
Kommt ihm der Tod zuvor, dem keiner wehrt,
Und bannt uns fest in ewiges Verderben?[142]

Ebenfalls zu den spätesten Handschriften zählt das Gedicht
Carico d'anni e di peccati pieno:

Gebeugt vom Alter und der Sünden Schwere,
Die, in mir eingewurzelt, ich getan,
Seh ich mir nun die beiden Tode nahn,
Derweil mit Gift mein Herz ich noch ernähre.

Mir fehlt die Kraft, die mir so nötig wäre,
Zu wandeln Liebe, Schicksal, Lebensplan,
Und geht mir nicht dein helles Licht voran,
Irr, richtungslos, ich in die Kreuz und Quere.

---

142 Engelhard, Nr. 295, S. 349.

Es kann, mein Herr, der Seele nicht genügen,
Dass Sehnsucht sie nach ihrem Ursprung hege,
Da sie geschaffen wurde aus dem Nichts.

Muss vor dem Tod mein Sterbliches erliegen,
Verkürze ihr die hohen, steilen Wege,
Dass heim sie kehr ins Strahlen deines Lichts.[143]

Michelangelo arbeitete bis wenige Tage vor seinem Tod an
der *Pietà Rondanini*. Er starb am 18. Februar 1564. An seinem Sterbebett standen ihm seine Ärzte sowie seine lang-
jährigen Freunde Tommaso de Cavalieri und Daniele da
Volterra zur Seite.

Geblieben ist uns sein Werk, in das er seine Gedanken
hineinlegte. Seine Gedichte und Briefe, in denen er sein
Denken dem Papier anvertraute, seine Bildwerke, Ausdruck
seiner dem Marmor abgerungenen Gedanken und seine
Fresken, die uns heute – nach 500 Jahren – in der Sixtinischen Kapelle in ihren ursprünglichen Farben wie neu entgegen strahlen. Es ist, als hätte Michelangelo die negative
Entwicklung der Menschheit vorausgesehen. Damals – unmittelbar vor Beginn der Unruhen um die Reformation und
vor dem Hintergrund der Bedrohung durch das Vordrin-
gen des Islam – richtete sich sein Aufruf zu Einheit, Umkehr und Rückbesinnung auf die Grundlagen der Menschheitsgeschichte an die geistliche Führung der katholischen
Christenheit – die Päpste und den Klerus.

Heute strömen Tausende von Menschen aus aller Herren
Länder nach Rom, um die Werke Michelangelos zu bewun-
dern. Vor Ort in der Sixtinischen Kapelle erschlägt die Fülle

---

143 Engelhard, Nr. 293, S. 345 f.

der Eindrücke den unvorbereiteten Betrachter nahezu. Doch dank der modernen Technik hat heute jeder die Möglichkeit, sich mit den einzelnen Bildformulierungen näher vertraut zu machen. Und die diesen Darstellungen zu Grunde liegenden Worte der Bibel, „dieses Liebesbriefes Gottes an die Menschheit" – wie es einmal so treffend formuliert wurde – sind heutzutage unschwer jedem zugänglich. Das ist wichtig, denn es geht in dem Freskenzyklus an der Decke der Sixtinischen Kapelle ausnahmslos um den Menschen und damit nicht nur um uns heute, sondern vor allem auch um die Zukunft der nachfolgenden Generationen.

Im vierten Deckenfresko, der *Erschaffung Adams,* führt Michelangelo vor Augen, wie Gott dem ersten Menschen seinen Platz auf der Welt anweist. Und er lagert ihn nicht von üppig wuchernder Natur umgeben im Paradies – sondern auf abschüssigem, kahlem Felsgrund. Der Mensch wird hineingeboren in diese Welt, um sich auf schwierigem Grund zu bewähren. Heute ist die Zerstörung der Natur unübersehbar und die Gefahr der Vernichtung des Planeten durch Anwendung modernster Waffen allgegenwärtig. Ein Umdenken auf allen Ebenen ist daher dringender denn je.

Abbildungen

1. Blick in die Sixtinische Kapelle

2. Gesamtansicht der Deckenfresken

146

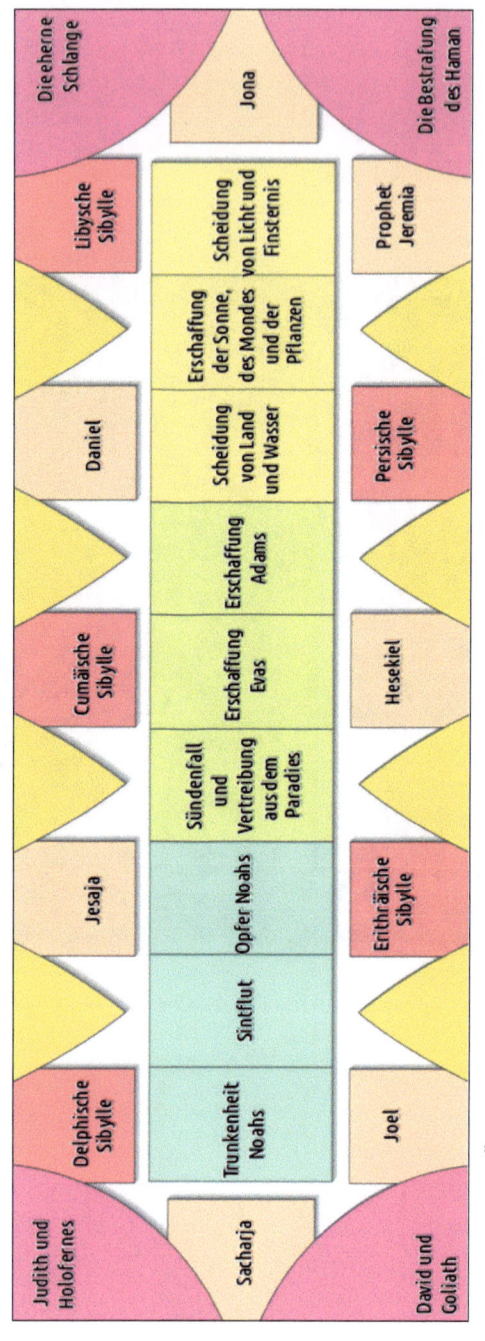

3. Schematische Übersicht der Deckenfresken

4. Trennung von Licht und Finsternis *(Deckenszene 1)*

5. *Gott weist auf Sonne und Mond (Deckenszene 2)*

6. Gott schwebt über den Wassern (Deckenszene 3)

7. *Erschaffung Adams (Deckenszene 4)*

8. Erschaffung Evas (Deckenszene 5)

9. Sündenfall und Vertreibung aus dem Paradies (Deckenszene 6)

10. Das Dankopfer Noahs (Deckenszene 7)

11. Die Sintflut (Deckenszene 8)

12. Die Trunkenheit Noahs (Deckenszene 9)

13. *Der Prophet Zacharias*

14. *Die Delphische Sibylle*

15. Der Prophet Jesaja

16. *Die Cumäische Sibylle*

17. Der Prophet Daniel

18. Die Libysche Sibylle

19. Der Prophet Joel

20. Die Erythräische Sibylle

21. Der Prophet Ezechiel

22. Die Persische Sibylle

23. *Der Prophet Jeremias*

24. Der Prophet Jonas

25. Bestrafung Hamans

26. Die Eherne Schlange

27. Judith und Holofernes

28. David und Goliath

29. Das Grabmal Julius II.

30. Die Pietà Bandini

31. Die Pietà Rondanini

Literaturverzeichnis

Acidini Luchinat,Christina, Michelangelo der Bildhauer, Deutscher Kunstverlag, Berlin-München, 2010.

Bestmann, Lieselotte, Die Galerie Alexanders VII. im Palazzo del Quirinale zu Rom und ihre Beziehung zum ikonographischen Programm der Decke der Sixtinischen Kapelle, Verlag a. d. Lottbek, Ammersbek b. Hamburg, 1991.

Bestmann, Lieselotte, Michelangelo, Das Jüngste Gericht im Kontext des ikonographischen Programms der Sixtinischen Kapelle, Verlag a.d. Lottbek, Ammersbek b. Hamburg, 1993.

Bestmann, Lieselotte, Michelangelos Sixtinische Kapelle, Piper Verlag, München, 1999.

Condivi, Ascanio, Das Leben des Michelangelo Buonarroti, Übersetzung Robert Diehl, Insel-Verlag, Leipzig o.J.

Dotson, Esther Gordon, An Augustinian Interpretation of Michelangelo's Sistine Ceiling, in:
The Art Bulletin, 1979, S. 223-256 u. S. 405-429.

Engelhard, Michael, Michelangelo Gedichte, Insel Verlag Frankfurt a. M. u.Leipzig, Ausg.1999.

Fischer-Wollpert, Rudolf, Lexikon der Päpste, Maxi Verlag GmbH., Wiesbaden, 2004.

Frey, Carl, Die Dichtungen des Michelangelo Buonarroti, Berlin, 1964.

Friedrich, Hugo, Epochen der Italienischen Lyrik, Verlag Vittorio Klostermann, Frankfurt a. M.
1964.

Hartt, Frederick, in: Die Sixtinische Kapelle, Bd. I, Verlagsgruppe Weltbild, Augsburg, 2004.

Hartt, Frederick, Lignum Vitae in Paradisi The Stanza D'Èliodoro and The Sistine Ceiling, in: The Art Bulletin XXXII, 1950, S. 115-145 u.181-218.

Justi, Carl, Michelangelo, Beiträge zur Erklärung der Werke und des Menschen, Berlin, 1922.

Koch, Heinrich, Michelangelo – Briefe, Gedichte, Gespräche, Fischer-Bücherei, Frankfurt a. M., 1957.

Koch, Heinrich, Gedanken eines Einsamen, Verlag Hammerich & Lesser, Hamburg,1945.

Murray, Linda, Michelangelo, sein Werk, sein Leben, seine Zeit, Ernst Klett Verlag, Stuttgart, 1985.

Pietrangeli, Carlo, Die Sixtinische Kapelle, Benziger Verlag AG, Zürich, 1993.

Ross King, Michelangelo und die Fresken des Papstes, Albert Knaus Verlag, München 2003.

Steinberg, Leo, Michelangelo's Last Judgement As Merciful Heresy, in: Art in America, Nov.-Dez.1975.

Stützer, Herbert, Die Italienische Renaissance, DuMont Buchverlag, München 2003.

Thode, Henry, Michelangelos Gedichte, Berlin,1914.

Tolnay, Charles de, Michelangelo V, The Final Period, Princeton, 1960

Vecchi, Pierluigi de, Die Sixtinische Kapelle, Verlag Herder, Freiburg i. Br.,1996.

Voragine, Jacobus de, Die Legenda Aurea, Heidelberg, 1979.

Wind, Edgar, Michelangelo's Prophets and Sibyls, London,1960.

Abbildungsnachweise

Abb. 1 <u>Blick in die Sixtinische Kapelle</u>
Fotograf: Antoine Taveneaux
Wikimedia Commons, lizensiert unter
CreativeCommons-Lizenz by-sa-3.0-de
URL: https://creativecommons.org/licenses/by-sa/3.0/
de/legalcode

Abb. 2 <u>Gesamtansicht der Deckenfresken</u>
Urheber: Michelangelo – present version is derived from
earlier version, with colour cast adjusted (by Qypchak),
however this version may appear too blue.
Wikimedia Commons, lizensiert unter
CreativeCommons-Lizenz by-sa-3.0-de
URL: https://creativecommons.org/licenses/by-sa/3.0/
de/legalcode

Abb. 3 <u>Schematische Übersicht der Deckenfresken</u>
Urheber: Ttailor
Wikimedia Commons, lizensiert unter
CreativeCommons-Lizenz by-sa-2.5-de
URL: https://creativecommons.org/licenses/by/2.5/
legalcode

Abb. 4 <u>Trennung von Licht und Finsternis </u>(Deckenszene 1)
Urheber: Michelangelo – Web Gallery of Art
Wikimedia Commons, gemeinfreie Lizenz ©

Abb. 5 <u>Gott weist auf Sonne und Mond</u> (Deckenszene 2)
Urheber: Michelangelo – Web Gallery of Art
Wikimedia Commons, gemeinfreie Lizenz ©

Abb. 6 <u>Gott schwebt über den Wassern</u> (Deckenszene 3)
Urheber: Michelangelo – Web Gallery of Art
Wikimedia Commons, gemeinfreie Lizenz ©

Abb. 7 <u>Erschaffung Adams </u>(Deckenszene 4)
Urheber: Michelangelo – Web Gallery of Art
Wikimedia Commons, gemeinfreie Lizenz ©

Abb. 8 <u>Erschaffung Evas</u> (Deckenszene 5)
Urheber: Michelangelo – Web Gallery of Art
Wikimedia Commons, gemeinfreie Lizenz ©

Abb. 9 <u>Sündenfall und Vertreibung aus dem Paradies</u>
(Deckenszene 6)
Urheber: Michelangelo – Web Gallery of Art
Wikimedia Commons, gemeinfreie Lizenz ©

Abb. 10 <u>Das Dankopfer Noahs</u> (Deckenszene 7)
Urheber: Michelangelo – Web Gallery of Art
Wikimedia Commons, gemeinfreie Lizenz ©

Abb. 11 <u>Die Sintflut</u> (Deckenszene 8)
Urheber: Michelangelo – Web Gallery of Art
Wikimedia Commons, gemeinfreie Lizenz ©

Abb. 12 <u>Die Trunkenheit Noahs</u> (Deckenszene 9)
Urheber: Michelangelo – Web Gallery of Art
Wikimedia Commons, gemeinfreie Lizenz ©

Abb. 13 <u>Der Prophet Zacharias</u>
Urheber: Michelangelo – Web Gallery of Art
Wikimedia Commons, gemeinfreie Lizenz ®

Abb. 14 <u>Die Delphische Sibylle</u>
Urheber: Michelangelo – Web Gallery of Art
Wikimedia Commons, gemeinfreie Lizenz ®

Abb. 15 <u>Der Prophet Jesaja</u>
Urheber: Michelangelo – Web Gallery of Art
Wikimedia Commons, gemeinfreie Lizenz ®

Abb. 16 <u>Die Cumäische Sibylle</u>
Urheber: Michelangelo – Web Gallery of Art
Wikimedia Commons, gemeinfreie Lizenz ®

Abb. 17 <u>Der Prophet Daniel</u>
Urheber: Michelangelo – Web Gallery of Art
Wikimedia Commons, gemeinfreie Lizenz ®

Abb. 18 <u>Die Libysche Sibylle</u>
Urheber: Michelangelo – Web Gallery of Art
Wikimedia Commons, gemeinfreie Lizenz ®

Abb. 19 <u>Der Prophet Joel</u>
Urheber: Michelangelo – Web Gallery of Art
Wikimedia Commons, gemeinfreie Lizenz ®

Abb. 20 <u>Die Erythräische Sibylle</u>
Urheber: Michelangelo – Web Gallery of Art
Wikimedia Commons, gemeinfreie Lizenz ®

Abb. 21 <u>Der Prophet Ezechiel</u>
Urheber: Michelangelo – Web Gallery of Art
Wikimedia Commons, gemeinfreie Lizenz ⊛

Abb. 22 <u>Die Persische Sibylle</u>
Urheber: Michelangelo – Web Gallery of Art
Wikimedia Commons, gemeinfreie Lizenz ⊛

Abb. 23 <u>Der Prophet Jeremias</u>
Urheber: Michelangelo – Web Gallery of Art
Wikimedia Commons, gemeinfreie Lizenz ⊛

Abb. 24 <u>Der Prophet Jonas</u>
Urheber: Michelangelo – Web Gallery of Art
Wikimedia Commons, gemeinfreie Lizenz ⊛

Abb. 25 <u>Die Bestrafung Hamans</u>
Urheber: Michelangelo
Wikimedia Commons – Michelangelo and the Sistine
Chapel, (Andrew Graham-Dixon, 2009),
gemeinfreie Lizenz ⊛

Abb. 26 <u>Die Eherne Schlange</u>
Urheber: Michelangelo
Wikimedia Commons – Michelangelo and the Sistine
Chapel, (Andrew Graham-Dixon, 2009),
gemeinfreie Lizenz ⊛

Abb. 27 <u>Judith und Holofernes</u>
Urheber: Michelangelo
Wikimedia Commons – Michelangelo and the Sistine
Chapel, (Andrew Graham-Dixon, 2009),
gemeinfreie Lizenz ⊛

Die Autorin

Lieselotte Bestmann, geboren 1931 in Hamburg,
wurde im 2. Weltkrieg nach Süddeutschland eva-
kuiert. Dort fand ein erster, aber prägender Kontakt mit Kirche und Religion statt. Krankheitsbe-
dingte Rückkehr nach Hamburg und Tod des Vaters
in russischer Kriegsgefangenschaft beeinflussten
den weiteren Lebensweg. Es folgten Abitur, Ausbildung zur Fremdsprachen-Korrespondentin und
schneller Eintritt ins Berufsleben.
Seit 1955 verheiratet, zwei Kinder. Nach Eintritt
der Kinder ins Studium Aufnahme eines eigenen Studiums: Kunstgeschichte, Archäologie und
Romanistik – mit den Abschlüssen Magister und
Promotion. Während des Studiums Teilnahme an
Vorlesungen und Seminaren der Theologischen
Fakultät. Mehrere Veröffentlichungen aus dem Bereich Kunstgeschichte.
Jahrzehntelange aktive Teilnahme am Leben der
Kirchengemeinde und Übernahme mehrerer ehren-
amtlicher Tätigkeiten mit besonderem Interesse am
interreligiösen Dialog.